近代化のねじれと日本社会

竹村洋介

批評社

はじめに

この私たちが暮らしている近代社会において、「自明視」されていることはきわめて多い。「自明視」されていることを、「常識（= common sense）」というのかもしれない。しかし、それらはほんとうに「当たり前」のことなのだろうか。本来、近代化とは、「呪術からの解放」であるべきはずだった。近代社会とは啓蒙主義をその基盤にすえた、すぐれて「理性的な社会」であるはずだった。しかし、近代社会においても、本当は違うやり方、考え方をした方がよいのに、慣習的にそうなっているだけということもたくさんあるのだ。それどころか、近代化は、科学（技術）信仰というあらたな呪術までをも作り出してしまった。今、私たちが生きているこの近代市民社会は、歴史的に見れば、いかようにもありえた可能態のひとつが実現したものであるにすぎない。近代化の歴史は平坦なものではなかったのだ。

近代化の幕開けとなった「フランス大革命」で、自由・平等・友愛というスローガンが示されたが、「自由」な気分だけを満喫し、「平等」でない社会を、「大戦争」とともに生きてきたのが二〇世紀の歴史だったのではないか。

また近代社会が、一方では身分制を乗り越え、つくりあげたはずのメリトクラシー（能力主義・業績主義）――それがよいものかどうかは別として――も、行きわたってはいない。それは、階級・人種・女性・障害者などへの差別を考えればよくわかる。これらは、近代化が遅れているから起きている事態なのか、それとも近代社会そのものが持つ属性なのか。簡単な問題ではない。これらの事象については個別に検討すべき課題であろう。

しかし、近代社会は大胆な単純化と合理化で大きな楔を打ち込んだ。ちょうど、音楽でいう平均律のように。音の高さはもともと稠密性を持った連続体である。ピタゴラス・カンマのように、倍音でも完全には整数倍ではない。しかし、それを大胆に、微少な差異を無視し、平均律のオクターヴの音程に律することで、近代の音楽は、自由さを得て体系的に完成されていった。

法の世界においてもそうである。ケースごとに事情は異なるはずなのに、一般的にあてはまる法律を（神から授かるのではなく）人間の手でつくり、判例を積み上げていった。参政権を考えてみても、よく考え抜かれて投じられた一票も、何も考えずに、あるいは間違って投じられた一票も、同じ一票である。皆が平等であるという擬制のもとに、近代市民社会は出発した。

西洋医学も、男性・女性、おとな・子どもというカテゴリーはあるにせよ、大胆な類型化を進めることにより知識の蓄積を可能にし、体系化をすすめ、飛躍的な進歩を成し遂げた。中国医学のようにケースごとに、こういった体質の人がこのようになった場合にはこの薬をと、個別的で微少な関係を重視してあまりカテゴリー化をすすめないでいると、知識の集積はなかなか進まず、体系化しにくい（それでも世界のさまざまな医療と比較すると、中国医学は西洋医学に次いで二番目に体系化された医学であり、世界の各地にはもっと体系化されていない「医学」が存在する)。

物理学は時間軸と空間軸を固定することで飛躍的進歩を遂げた。いきなり質量はエネルギーに換算できるという観念がもしあったとすれば、そのこと自体間違っているわけではないが、逆に力学は未だカオスの中にあり、ニュートン力学は成立しなかったであろう。

そしてこういうカテゴリー化は、時代とともにますます細分化され、精密なものとなっていく。いろいろな例を挙げたが、このような大胆な割り切り・位置づけがなされて、はじめて古典的な近代社会というものが体系づけられ成立するのだ。私はあまり使わない言葉だがそれを「進歩」と呼んでもよいのだろう。そして、その「進歩」が幸福を多くの人にもたらしたのも事実だ。

しかし、そういった割り切りにあてはまらない人・物・事象があまた存在することも忘れてはならない。先にその「進歩」は平坦なものでないと示唆したが、近代市民社会の「市民」となることも簡単なことではなかった。女性が、有色人種が、外国人が、市民権を持たなかった。意味合いは違うが、現在でもある種の障害者や子どもは完全な市民権を持っているとはいえない。

しかしながら本書で述べたいのは、日本の近代化が良かったのか、悪かったのかではない。近代化という大きな嵐の中で、多くの人々がどういうアクチュアリティを持ってそれを受け止め、自己のものにしていったかということだ。いわば、自明化された近代化の舞台裏を覗いてみようという試みである。

また本文中でも展開するが、ある側面においては、未だ日本は成熟した(西欧を理念型とした)市民社会には、いたっていないと私は考えている。成熟した市民社会が、理念の上だけでなく現実のものとして本当に存在しえるのかという問題はもちろん問われなければならないことだが。このような状態にありながら、国民国家の枠組みを超えんばかりの勢いで、グローバライゼーションという名のアメリカン・スタンダードによる再規制が進みつつある。この事態を私たちはどのように理解すればよいのか。あらゆる面でそれを考察することは不可能である。それゆえ、私が把握できる領域の中でいくつかのトピックスを選んで論集とさせていただいた。

それぞれに連関した章もあるが基本的にはどの章から読み始めていただいても、結構である。もちろん全部読んでいただけるにこしたことはないけれど、各章だけを読んでいただいても理解できるはずである。それでなにがしかのご感想をいだいていただければ、著者として幸せである。

著者　記

二〇〇四年九月

近代化のねじれと日本社会

▼

目次

第八章　間違いだらけの不登校対策法―ネオ・リベラリズムと「再規制」　202

第一章　どうして子どもは学校へ行くのか

六歳になると、四月から小学校に通う。義務教育だから当たり前のことだと思っている人もいることだろう。小学校以前に、すでに幼稚園・保育園に通っている子どもたちもたくさんいる。そして中学校を卒業した後、義務でもないのに九〇パーセントをはるかにこえる子どもたちが高等学校へ進学する。そして今では半数以上の高校生が大学（高等教育機関）へと進学する。これほど進学率が高い社会は、世界的にみてもアメリカ合衆国、韓国、台湾くらいしかない。先進国といえどもヨーロッパの大学進学率は低いのだ。

なぜこんなに日本人は学校へ行くのだろう。勉強が大好きなのだろうか。あるいは学歴が大好きなのだろうか。またいつごろから、日本人はこんなに学校に行くようになったのだろう。昨今でこそ、学校も倒産するようになってきたが、学校制度が定着するまでの明治期を除けば、少なくとも一九八〇年代までは、学校は「聖」的とも言える不動の権威を持つものだった。子どもがおとなになるには、学校を出なければならない、そう固く信じられていた。それが疑義をさしはさんではならない真実であるかのように。後々見ていくが、不登校児の増加にもかかわらず（学校基本調査では二一世紀に入り微減していたが、この五年ほどまた増加している）いまだに学校信仰を持つ人は少なくないようだ。「学校へ行かなければ立派なおとなになれない」。はたして本当にそうなのだろうか。教育期間の長期化とともに初婚年齢は上昇し、人口の高齢化・少子化が進行して社会保障上の大きな問題となっている。これも目に見えない近代社会のねじれのひとつではないのだろうか。

1—1　学校で教わる知識

小学校から大学まで、あるいはさまざまな専門学校にいたるまで、私たちはいろいろな知識や技能を習う。資格のある先生から様々なことを習い、その資格を得る。しかし、それが卒業後、どれほど役に立っているだろうか。もちろん、医師、弁護士のような専門職に就く人は確かに学校時代に得た知識—これをイヴァン・イリッチにならって「学校知」と呼ぼう—をもとに仕事をしている。ただ、彼／彼女らにしても、現実には、学校を卒業し資格を得てから、日常の仕事の中で得た知識や経験をもとにすなわちO・J・T（On the Job Training）を重ねながら仕事をこなしているのだ。そうでなければ、時代遅れになってしまう。

専門職の人ですら、学校で習ったことよりも日常の経験の中から学んだことの方が多い。一般の人ならなおさらそうであろう。難しい微積ができなくても、跳び箱が跳べなくても、相対性理論がわからなくとも、おとなとして生きていくのに何の差し障りもない。そのかわり、日常生活をおくるための知識―これを「非学校知」と呼ぼう―を身につけていなければ、生活していくことはできない。例えば、交通ルールや商店でのものの買い方、あるいは電話のかけ方など、ごく当たり前でいちいち学習したという意識もないままに身につけた知識が、ここでいう「非学校知」だ。

人間が生きていく上で大変重要な「ことば」は、原初的には非学校知だ。特に話し言葉はそうだ。生まれたての赤ん坊は、どんなことばもしゃべれない。家族の中で、母親かそれに代わる人に接することで、ママ、パパ、そして自分の名前というように話し言葉を獲得していく。そして最初に身につけた乳児語から、おとなの使う言葉へと変容していくのだ。もちろん英語圏で身につけてしまった乳児語「ダディ」「マミィ」をいくつなっても使っているという帰国子女のような例外は多々あるが、初めて学校で話し言葉を習うわけではない。

小学校では入学してくる児童が日本語を話せるという前提から教育がスタートする。ところが、書き言葉の方は全く反対である。幼稚園などの教育で、自分の名前が書ける子どももいる。しかし、私自身そうだったのだが、自分の名前の読み書きさえできないままに小学校に入学してくる児童も多い。私の場合、幼稚園を卒園したのだが、自分の名前を含めて文字の読み書きは全然できなかった。小学校は、まず文字の読み書きからスタートする。日本語を教える授業は高校まで続くし、最近では大学でもレポートの書き方の指導と称して、日本語の書き方を教えている。他のどんな教科も日本語の読み書きができなければ、習得することができない。それほどまでに書き言葉の習得というのは「学校知」の中で重要な存在なのだ。ただし原初的に身につける言葉の違いの問題はとてつもなく大きい。

例えば英語圏では、アメリカ合衆国の黒人英語、イギリスの労働者階級の英語など、学校で教わる英語と文法を異にする英語が存在する。そのために学業成績にハンディキャップをおうというのが文化的再生産論の考え方だ。労働者階級の子どもは、学校においてのみ家庭では使われない「精密コード」(状況によって左右されることの少ない言語体系)を強制され、家に帰ると「制限コード」(状況によって意味解釈が左右されやすい言語体系)を使う。もちろん成績評価のような公的な場においては「精密コード」が「正しい」とされる。労働者階級の子どもは一種の二重言語状態におかれることになるのだ。家でも「精密コード」を使用しているミドルクラスの子ども達と比較すると、なかなかに厳しい状態にさらされていると言わざるをえない。フランス語圏でも同じような現象を観察できる。

そしてこの「学校知」と「非学校知」を比較してみよう。世界を見わたせば、第三世界では、「非学校知」が重要な役割を果たしている。一九六〇年代以前の日本でもそうであったように、子どもたちは農業のやり方を学校などで習うのではなく、おとなたちに混じってともに働くことで、「非学校知」である農業の技能を獲得し、おとなになっていく。

だが近代化された先進国社会ではどうだろうか。職業に就くには、それに応じた学校を卒業したこと、つまり「学校知」を所有していることが求められる。医師・教師といった職業はもちろんのこと、「ふつう」のサラリーマンになるにも、学校を卒業していることが求められる。現在の高校進学率九〇パーセントを超えた日本の社会では、後で詳しく考察するが、中学校を出ただけではなかなか就職できない。目的を持って高校へ進学する人も中にはいるだろうが、「高校くらいは出ておかなければ」という意識で進学する生徒がほとんどではないだろうか。これが、日本社会の高進学率の一つの答えだ。これからはアメリカ合衆国並みに、「なぜ大学に行かないの?」と問われる社会に突入していくかもしれない。既に、不況で高卒では就職先がないので大学へ進学するという学生も現れてきている。

1―2 学校で何を教わっているのか

学校は勉強をするところ、教科の学習をするところと考えている人も多いのではないだろうか。先の言葉で言えば「学校知」の習得である。しかし、私たちは、学校で教科の内容だけを身につけたのだろうか。自動車学校ならそうかもしれない。しかし、学校には学園生活というものがあり、学習指導要領のように、明示されたカリキュラム以外のものを無意識的に身につけているのだ。それをアメリカ合衆国のジャクソンやマイケル・W・アップルは、「ヒドゥンカリキュラム(hidden curriculum)」と呼んだ。日本語では隠れたカリキュラム、あるいは隠されたカリキュラムと訳されている。たとえば、チャイムが鳴ったら席に着く。「起立、礼、着席」といった儀式。授業時間、休み時間といった時間割を守る。先生の言うことには従い、指名されたときだけ発言するコミュニケーションのルール。男女別の名簿。多くの人が当然視していることを学校は、ひっそり隠して教え込んでいるのだ。「国語」「日本史」「日本地理」という科目を通して、「日本」というものが太古から実在しているかのように教え込む。現在のような近代国家としての「日本」を最初に意識し始めたのは幕末期、坂本龍馬あたりからではないだろうか。それ以前は「くに」といえば「藩」をさすことばだったのだから。北海道は明治時代になるまで日本というまとまりの中に入っていなかったし、沖縄もそうだろう。そのため、日本史では、アイヌの歴史も、沖縄の歴史もほとんど教わらない。逆に現在のような日本というまとまりが太古の昔、少なくとも縄文時代から不変にあったかのように教わる。表面上ナショナリズムを強要しているわけではないが、ヒドゥンカリキュラムとしてかかえこんでいるのだ。これはどの教科書を採用するかといった次元よりも深いレベルから効果をあらわしている。

いろいろ例を挙げてみたが、もう一度まとめてみよう。単純化していえば、学校のヒドゥンカリキュラムとは、「時間を守れ」「目上の人の言うことを聞け」「日本というまとまりを思考の枠組みにせよ」といったことになろう。しかし、皮肉なことに会社や役所に入って役に立つのは、明示された専門的な「学校知」であるよりも、このヒドゥンカリキュラムとして身につけたものであることの方が多いのだ。会社に遅刻せず出社し、上司の言うことを聞く。「ふつう」のサラリーマンにとって守らなければならない大事なことだ。逆に明示されたカリキュラムである「英語」がどれだけ役にたっているかを考えると微妙なところだ。

1―3　学校の権威喪失―不登校と学級崩壊

前節まで学校で何を教わっているか検討してきた。しかし、それでも後に考察する新中間層の子どもたちにとっては、学校は明示的なカリキュラムを通じても、あるいはヒドゥンカリキュラムを通じても、社会へ出て行くステップとしてその存在価値を発揮してきた。社会全体のサブシステムとして学校はそれなりに有効に機能していたし、権威を疑われるような存在ではなかったといえよう。

ところが、最近では、義務教育年齢でありながら、経済的理由や病気といった理由ではなく、学校へ行かない子どもたちが増加してきた。一九八〇年代には今と比べると不登校という現象はまだまだ珍しく、精神科医である稲村博などは神経症圏の一種であるという主張までしていた（稲村博『思春期挫折症候群』新曜社、一九八三年）。この説に基づいた稲村の「治療」行為は、日本児童青年精神医学会で誤りとされ否定されるにいたったが（詳しくは六章二節を参照）。

二〇一四年の文科省・学校基本調査では、「不登校」（年間三〇日以上「学校嫌い」を理由に欠席した児童生徒の数）は小学校・中学校だけで約一二万人強ということになっている。中学生で約二・八パーセントという程度である。「フリースクール」などに通っている子どもたちも約四〇〇〇人になっているので、実態は学校基本調査よりももっと多いだろうと推測される（現在の学校基本調査では、原籍校に出席せずフリースクールに通っていても事実上出席扱いとなっている）。

準義務教育化した高校だが、たてまえとして高校は自由意志で通っていることになっているので、年間三〇～五〇日以上欠席すれば、退学になることも多いだろう。ちなみに高校の中退者数は、年間約五万人程度、不登校も約五万人程度である。あわせると約二〇万人以上の学齢期の子どもたちが学校へ行っていないのだ。教育改革が叫ばれる理由の一つでもある。

このように学校へ行かない子どもたちが増加する一方で、学校へ来てもまともに授業を受けない子どもたちも現れ始めた。いわゆる「学級崩壊」である。学級崩壊については次節でも考察を進めるが、子どもたちが、学校に通い、授業を受けることに意味を見出しにくくなってきたことも関係している。「よい学校からよい会社へ」という学歴神話の崩壊過程での現象として捉えることができるだろう。

不登校と学級崩壊は、表面的には「学校へ出てこない／学校へ出てきて騒ぐ」と、逆の方向を示しているように見える。しかし、もうひとつ下の次元に降りて考えてみると、ともに学校の権威が部分的にとはいえ、失墜したという事実に突き当たる。かつては良きにつけ悪しきにつけ、少なくともたてまえとしては、学校は「聖別」された権威ある存在であった。そしてそこを通過することで、人生の未来が切り開かれるとおとなも子どもも信じていたのだ。あまりにもそれが強固であると学歴神話ということになるが、現在では反対にそれが崩れ始めているのだ。かつては、選ばれた者、富める者のみが通うことが許された上級の学校というものが、希望するのならいまや誰もが行けるようになってしまった。高校進学率はすでに七〇年代に九〇パーセントを超えた。それが、現在では定員割れを起こしている大学も、けして珍しい存在ではない。

それでも不登校の場合は、まだ学校の権威を意識しているがゆえに葛藤が起きたりするが、学級崩壊の場合はそれすらない。学校は通わねばならないけれど、その先に展望が開けるわけでもないうっとうしい存在でしかない。適当にやっていれば、まぁ卒業証書はもらえる。ただ、その先は何も保障されていない。勉強は塾で、学校では友達を、とまで言われるほどである。

不登校について国際的に見てみると、韓国や台湾で同じようなケースが出始めている。ただしヨーロッパでは、近年変化の様相を示してきてはいるが、それでも伝統的に労働者階級の子どもたちは学校をドロップアウトしていくのが当たり前のこととしてとらえられているため、「不登校」をいちいち意識しない。それほどまでに数が多く、学校とは彼／彼女らの生活とかけ離れた存在なのだ。

教育期間の延長がますます進む中、なぜ学校へ行かない子どもたちが増えだしたのだろうか。そして学級崩壊という現象が現れだしたのだろうか。それについて次節で考えてみたい。

1―4　学校と子どもの変容―学校の存立構造

まず、子どもたちはどのように変わったのか。歴史的にその変容を考えてみたい。それは、「子どもが急に変わり、見えなくなってしまって学級崩壊」という最近はやりの図式ではない。この点について、少し詳しく長期的スパンをもって「地域社会の中の子どもから学校の子どもへ」という視点から考えてみたい。

「学級が崩壊する」「学校が崩壊する」というのは、「子どもとは、毎日学校に通い、勉学に励んでいる存在だ」という理念を前提とした上での事件である。みんなが学校へ通うことが大前提にあって、不登校が問題となるのと同じように。しかし、はたしてほんとうに、日本社会のあらゆる地域・階層の子どもたちが、「健全」に毎日、学校に通っていたのだろうか。これについていくつかの面から検討を加えたい。

私たちは意外に過去のことを忘れやすい、進んで忘れようとしているのかもしれないと思えるほどに。専業主婦の歴史が浅いのはよく言われるが、学校の歴史もそれに劣らないほどに浅い。近代的な学校制度が導入されたのは明治時代、一八七二年の学制発布からだが、当初「学校」は庶民に排斥された。「学校焼き討ち」事件がその典型だ。藩閥政府は日本を近代国家たらしめようと懸命であったかもしれないが、庶民の日常生活はすぐさまがらりと変わるわけではない。一九六〇年代まで税金のことを年貢と呼んでいた地域もあったほどだ。そういった状況の中で、はっきりと目に見えてくる近代化＝文明開化は、この学校制度と徴兵制であった。他にも郵便制度などもあったが、この二つは「子ども」という労働力を家から奪うということで、決定的に大きなものであった。それゆえ「学校焼き討ち・血税（徴兵のこと）反対」の二つをスローガンに掲げた暴動が各地で勃発したのだ。

小学校＝初等教育の就学率が九〇パーセントに達するのは、日清戦争を経て二〇世紀にさしかかろうとするころのことだ（女性の就学率は、五年ほど前の男性の就学率とほぼ同程度である）。しかしこの数字は就学率であって、在籍した子どもたちがみな学校へ毎日通っていたことを意味するものではない。小学校ですらこのような状態だったので、中等教育つまり旧制の中等学校や高等女学校以上の学校へ通うものは、全体から見ればごく少数にとどまっていた。戦前の学校制度の下では、学校とは誰もが通うものではなく、経済的に恵まれた者のみが通う「特殊」な場であったのだ。

それは、戦後になってもすぐに変化を見せたわけではなかった。学校制度は中学校までを「義務」とする六・三・三制へと切り替わるが、現実には経済的理由などにより、学校へ通わない子どもたちは相当な数に上った（つげ義春や永山則夫のことを思い浮かべてほしい）。しかし大多数の者にとって「義務」教育年限は戦前の初等教育のみから、中等教育前半まで延長された。学校制度の改革の影で「高学歴化」が進んだのだ。しかし一方には社会的な貧困層があり、また他方には絶対的な学校不足という社会・経済的問題を、その過程は常に孕んでいた。旧制の中等学校は新制の高等学校になってしまった。そこに新制の中学が誕生するのだが、教員も校舎も新たに作られねばならなかった。ましてや高等教育を受ける者は、短期大学を含めても、一九六〇年代まで一〇人に一人といった状態だった。

高校への進学率は急上昇したが、一九六〇年代まで、子どもが高校へ通うというのは普通のことではなかったのだ。ようやく学校という社会的リソースが誰にも行き渡るようになるのは、高等学校進学率が九〇パーセントを超え、高等教育進学率が四〇パーセント弱になる一九七〇年代前半をまってのことだ。ここにいたってようやく初めて、学校へ通っているのが「普通」というモデルが成立することを指摘しておく。この時代まで、学校はその量的拡大が重要視され、学校自体が問題だとされるようなことは受験競争以外ほとんどなかった。また、「学校知」の内実が問われることも「全共闘運動」や「生活綴方運動」などの例外を除けば少なかった。

次に、誰が学校に通ったのかという社会・経済的な側面の分析に入っていこう。もともと農業社会は、学校のように長期間、また一日の内でも長時間を教育に費やすことを子どもに要請するシステムには適合的ではない。社会経済総体は単純再生産を基本とする。生活のために必要な「読み書き計算」、3Rs（Read, wRite, aRithmetic）は何らかの形で習得せねばならないが、それは学校のように長時間の負担を子どもに強いるものでないほうがよい。農繁期には家の仕事を手伝い、それを見習い、その仕事の合間に、暇な農閑期にでも授業を受ける方が望ましいと思われていたのだ。そして「ものの道理」は、地域社会の中で暮らすことよって身につけていく。これを教育学は、「地域の教育力」と呼ぶ。前近代の寺子屋はまさにそうであったし、近代学校制度が整ってからも「地域の教育力」を基盤とした上で、その上にのるかたちで学校は存在していたのだ。

産業構造が二次産業、三次産業へとシフトしていく一九六〇年代の経済の高度成長期まで基本的にはこういうかたちであったと見なしておいてよいだろう。しかし、この「地域の教育力」が過去の学校へのロマンティシズムの温床となっていることを指摘しておかねばならない。またこの現在では失われてしまった「地域の教育力」が、常に望ましいものだけを子どもたちに提供してきたのではなく、社会的な差別や偏見をも子ども達に植え付けてきたのだという指摘もしておかねばならない。

そのような社会で、誰が学校へ行ったのか。それは、学校教育を経てそれを基に就職を考える子どもたちである。医師、法律家、教師、工業技術者など、一定の学校教育を受けなければならない職業がある。そういった職種に就くことを望む子どもたちが、学校へ行ったということなのだ。言葉を換えるならば、農業を基盤とする「ムラ社会」からの離脱者ということもできるだろう。ともかくも、このような子どもたちは、学校教育で得た「知識・技能」を基に社会へ出ることを考え、ライフコースを設計する。彼／彼女らにとっては、ヒドゥンカリキュラムも含めた「学校知」は生活上役に立つものであるだけでなく、必要不可欠なものなのだ。

では、このような子どもたちが現れたのはいつ頃のことなのか。その起源を探ってみるならば、一九二〇年代の都市新中間層の成立に行きあたる。彼／彼女らは、自身が専門的な職種に就くとともに、その息子・娘たちにも、学校を経てしかるべき職種に就くようにと期待したのだ。ここにおいてはすでに「地域の教育力」といった考え方は弱まり、学校が子どもたちの生活の中心に大きく据えられてくる。子どもの生活の中心が、地域社会から学校へと変わる。これが長期的スパンで考えたときに見いだされる子どもの変容の一つめのターニングポイントである。学校へ通う子どもたちの誕生、これを最初の子どもの変容としよう。

もちろんこの変容が一律に起きたわけではない。一九二〇年代に萌芽的に起きたこの変容は、第二次世界大戦の大きな社会的変動をもふくみこみながら、また戦後の六・三・三制への学校制度の切り替えといった変化を通して、徐々に日本社会全体に広まっていく。そして最終的に誰もが学校を経て職に就くようになるのが、一九六〇年代の経済の高度成長期ということになる。誰もが受験という経験をし、学歴を基に職業に就く、将来展望を持つ社会へと変容したのだ。この時期には受験競争の激化がしきりにいわれた。逆に「一五の春を泣かせるな」と高校全入を求める運動も存在した。ほとんどの者が受験あるいは学歴というコースを経ずには将来への展望を築けなくなったのだ。さらに就労構造は二次産業から三次産業にシフトし、求められる能力は機械的なものだけではなく、他者とのコミュニケーション能力にも及ぶようになった。このようにして学校は誰もが行くべきところとなり、その中で今度は反対に学校へ行かない子どもが、なぜ行かないのかと問われる社会になったのだ。不登校の日本での「発見」が一九六〇年前後であるのも、このような社会的変容の帰結といえよう。

1―5　学校の飽和

このような「高」学歴化は、必然的にさまざまな社会的影響をもたらす。まず、長期間学校へ通うようになるのであるから、職に就く、あるいは社会にでる年齢が上昇する。そして、幼稚園・保育園へと「就学」の始まりは低年齢化する。人生のうち、学校へ通っている期間がますます長くなっていく、「長学歴化」とでもいうべき現象が起こる。一人前の「おとな」と社会的に認知される年齢が高くなっていく。以前であれば一〇代半ばにもなれば「おとな」とみなされていたものが、二〇代へと上昇していく。

しかもこのようにして得た学歴が、後期中等教育・高等教育の大衆化に伴ってインフレーション状態となる。定員だけで見るといまや大学ですら全入状態で、それだけでは社会的特権を持つものではなくなった。九〇年代まで残った最後の特権、「選ばなければどこかに就職できる」という大学のそれも、現在では完全に崩壊してしまった。親の世代より学歴が一段階上になっていくという状態が、しばらくの間続いた結果である。

その結果、学校へ通う、卒業するということが自明視され、うらはらに学校への期待感が薄れていく。社会的権威が失墜していくといってもよいだろう。希望を持って通う学校から、通わねばならないものへの学校の変質。社会的権威であった学校から、誰もが行かねばならない飽和状態にある学校へ。少子化が進む現状においては過飽和とすら言えるかもしれない。

しかもその学校教育を終了するまでに一二年、一六年あるいはそれ以上という長期間を要することになってくる。農家・職人など、旧来の多くの職業（旧中間層）ならば、その徒弟期間・見習い期間は、長くても数年というのがほとんどである。その程度であればある程度見通しもきく。しかし、このように十数年にわたる見習い期間となると、もうほとんど出口が見えない。新設された法科大学院や医学部、あるいは六年制へ移行した薬学部・獣医学部など職業に密接に結びついた学部の学生を別にすれば、その先がどうなるのかも約束されているわけではない。明確な将来展望を持てという方が無茶というものだ。高校生に対して「無目的進学」などと責め立てても、なんら意味がない。問題とすべきは「目的」が見えてこなくなるようにしている社会構造そのものの方なのだ。

その一般社会から隔絶された鍛錬期間が短期間であるならば、現在を犠牲にして、未来にかけるということもできよう。しかし、いつ終わるともしれない長期間にわたる鍛錬期間となると、現在を我慢しその未来を夢見ることよりも、鍛錬期間である現在こそを楽しもうという意識が芽生え始める。何の保証もない未来をただ夢見るよりも、まずは現在の生活を楽しむ。学校に辟易しながらも、学校生活を楽しむ。起こるべくして起こった変化だ。このようにして、小浜逸郎がいう「だらしのない収容所」へと学校も変質していく。もちろん前代の学校がすばらしい教育機関であったとか、完璧な収容所であったと言いたいのではない。学校が、強権的ではないが真綿で首を絞められるような、それでいて誰もが通う、希望の持てないところになってしまったということだ。

さらなる弊害として、このような学校教育ですら、満足に受けることができない子どもたち—すでにこの時点で社会的にマイノリティと化しているのだが—が、さらなる社会的ハンディキャップを二重苦として背負わされるということを指摘しておかねばならない。その原因が何であっても、社会的な生きづらさを背負うことはかわりない。心身の障害であれ経済的貧困のためであれ、「普通」教育を受けることのできなかった子どもたちが背負う社会的ハンディキャップはさらに大きなものとなってしまう。なぜ学校へ行かなかったのかが問われ、学校へ行かなかったがゆえに社会的な身の置き所がなくなってしまう。

学校教育に夢を失い、心底辟易しながらも、その生ぬるい牢獄から降りることが許されない子どもたちの形成、これが次に起きた子どもたちの変容である。

この第二段階の変容を前提として、「学級崩壊」といわれる現象が出現することになる。夢を持てず鬱屈したまま学校に収容される子どもたち。しかし、この変容は、何も現在突然に始まったことではない。すでに一九七〇年代後半、遅くとも一九八〇年代にはこの変容の兆しが見える。この頃から「学校教育」問題が社会問題化していったのだが、そこで言われた校内暴力の頻発や「忘れ物病」の蔓延に、この段階の変容の萌芽を見て取ることに無理はないだろう。もちろん、無目的進学、高等学校中退者の増加、不登校の増加なども、この段階の変容の上に現れてきた現象であり、生徒たち自身の心がけの問題というよりも社会構造が必然的に生み出してきた問題としてとらえなければ、その本質を見落とすことになるだろう。

1―6　学校をやり過ごす子どもたち

この鬱屈した時代の若年者たちを、教師がとらえきれないところに、「学級崩壊」や「不登校」の根があると私は考える。教師たちは考える、「なぜ頑張らないのだ、なぜもっとやる気を出そうとしないのだ」と。しかし、当の子どもたちにとって、もうそんなことはどうでもいいことなのだ。学校が何を約束してくれる。あなた達先生は、それで教員という職を得られる時代に生きたのだろう、しかし現在、先生の言うとおりにやったところでどうなるというのだ。うるさい先生たちのいうことなど、適当にやりすごしてしまえばいいのだと。たしかに学校でしか通じないルールというものは多い。髪型、服装の規制をはじめとして、数秒遅れただけで遅刻として罰したり、私語を過度なまでに取り締まるなど、社会一般では通じないルールが多数存在する。生活習慣についても目くじらをたてすぎている。おとなのほうがだらしない生活習慣を持っていることも多いはずだ。しかしそれに対して、生徒がいくら言ってもらちがあくわけではない。適当に卒業証書をもらうまでやり過ごしてしまうしかないのが現状だ。

「学級崩壊」の原因は多様に語られる。しかし、単に学校教育というシステムが制度疲労を起こして、「学級崩壊」が起きてしまったというのでは、あまりにも単純化しすぎている。そのシステムの何が問題だったのかを何も説明していない。また四〇人学級という人数の多さが問題で、「学級崩壊」が起きるというのも正鵠を射ているとは言い難い。たしかに四〇人学級は多すぎるだろう。しかし、現状までそれでやってきて「崩壊」にはいたらなかったのだ。小学校においてまでなぜ授業が成立しなくなったのかを直接に説明しているとは言い難い（もっとも過去においても、多くの人が漠然と思っているようには、授業がきちんと成立し、学校がしっかりしていたためしなどほとんどないということはすでに述べたとおりだが）。

いま小学校にまでと記したが、高等学校・大学などでは、「崩壊」現象は多くのところですでに日常化し、取り上げるニューズヴァリューもない。大学生ともなれば自分の社会的ポジションをクリアーに自覚し、それにあうように振る舞う。周りを確かめながら適度に学生生活を享受し、適度にやり過ごしながら卒業していく。青春を過ごす場所としてアピールする大学もある。その底に、あっけらかんとした鬱屈と諦念を秘めながら。特定の専門職でもない限り、「学校」で習ったこと、身につけたルールなど、社会にでてから役に立たないのだから。問題は卒業証書だけなのだ。専門職ですら、医師免許、薬剤師免許など証書だけを問題としている者も多い。

このようなやり過ごしをしたくなければ、子どもはパーフェクト・チャイルドを演じなければならなくなってしまう。それは、「学校優等生」としては優れたことだろう。しかし、それはたやすいことではないし大きな無理がある。さらなる矛盾のしわ寄せが、別のところで吹き出すのはあまりにも明白だ。

1―7　現実の対応策について

このような事態に対し、一九八〇年代半ばの臨時教育審議会以来、すでに学校の自由化・個性化は提唱され、文部行政の大きな枠組みとしては、それぞれの自己責任で自由にしなさいという見せかけの方向に向かっている。

さまざまな個性的なタイプの学校が作られ、また学校復帰とは言うものの、不登校児を対象としたフリースクールなども推奨されている。株式会社やNPO法人が、「特区」としてではあるが、広域通信制などの学校を設立している。生涯学習体系への移行も、十分なレベルにはほど遠いにしても、教育の産業化をともないながら基調としてはすっかり根付いてしまっている。これについては八章で再度検討する。そして、現状のあいつぐ学校問題への対応策として道徳教育が主張され、生きる力や心の居場所を持つことが大事だと言われる。私も子どもたちが生きる力を持ち、心安らぐ場を持つことに反対するものではない。しかし、それがどういう社会を生きていくための力なのか、何のための独創性なのか、もっと根底的に問われるべきではないか。

そうでなければ現状を根本的に変えることはできないだろう。私がもっともおそれるのは、かつての学校はとてもよかったというロマンティシズム・懐古趣味におどらされて、バックラッシュが起きることだ。それは、ロマンかもしれないが、いままで示してきたように長期的な歴史の観点からは荒唐無稽なことなのだ。しかも、そのロマンに酔えるのは「普通」に学校を卒業した人に限られている。たとえば障害者が「かつての学校はよかった」などと懐古趣味にふけることはない。社会構造が変化し、学校の社会的機能も変化し、子どもたちも変容してしまっているのだ。そこへ過去の、あるいは独善的な基準を持ち込み「教育改革」を試みようとしても、絶対に無理が起きてくる。

もちろん私とて、このような教育改革をなせば矛盾がなくなるというような処方箋を手にしているわけではない。正直に言ってしまえば、私はNPO法人の理事長をつとめていたが、そこが運営するフリースクールを展開していくことがほんとうによいことなのかどうかにすら、確信を持てない。旧来の学校制度へのアンチテーゼではありえても、それが正しいあり方だと積極的に肯定する論拠にはなりえない。先にも記したように、教育の市場化、再編が良いのかなど、その前に検討すべき課題は山ほどある。一挙解決策などないというのがほんとうのところだろう。

いかにも弱いけれども、子どもたちに刹那的ではない夢と展望を、具体的に感じられるような教育システムが構築されることを目指していかなければならないだろう。そうでなければ、この鬱屈した時代の子どもたちの心は、マニピュレーション的に癒されることはあっても、ほんとうに生き生きしたものになりえはしない。現状の子どもたちのありようをとらえようともせず、強引に社会的規範を強制することなどもってのほかである。現状に目を背けても何も始まらない。子どもたちをしっかりと見据えることからしか始まらない。彼ら／彼女らが生き生きと生きていける教育のありようを、そして、そのような社会全体のありようを根本的に模索していくことからしか、始まらないだろう。

1―8 絶望の中で光を―溶けだしたガラス箱の中で

最後にいかにすれば、システムとしての学校は再生しうるかという問題になる。その前に三〇年ほど前のゼルダという女の子ニューウェーブバンドの曲を紹介しよう。

学校行ったら何をしよう／少年はピストル網膜に当てた／押しつけられた欲望／期待とまなざし。

ヴォーカルを担当した高橋小夜子は当時中学生だった。もう一つ例を挙げるならば、すでに現在では絶版かもしれないが、コラムニスト山崎浩一の週間本『早熟のカリキュラム』（『退屈なパラダイス』筑摩書房、一九八八に再録）をあげることができる。この本の冒頭には、子どもたちが学校を忘れて、ハメルンの笛吹のようにディズニーランドへと吸い寄せられていくという筋の近未来ＳＦが記されていた。すでに八〇年代初頭において、敏感な部分で学校の崩壊・学校の飽和は感じはじめられていた。

そして今、私はこのことに関して明るい見通しをもてないでいる。私がフリースクールを運営するＮＰＯ法人の理事長だったからという立場上の理由からではない。

まず学力の低下が言われている。ほんとうのことを言えば、入学してきた学生の学力低下など、一から社会学を教え始める私にとって、歴史を少し知らないな、程度のことでしかない。一部の理工系を専攻とする教育以外には、学力の低下はさして問題とならないだろう。微分・積分ができない新古典派経済学専攻の学生をこれだけ多数輩出していることを考えれば、古い意味での学力低下はさしたる問題にもなるまい。よく言われる、医学教育における「生物」にしても医学部の前期過程で初歩からきちんと教育すれば問題は解決可能であろう。アメリカ合衆国型の実務に徹した教育体系に高等教育を切り替えればすむことである。現にロースクールでは法学を一から教えている。

しかし、その高等教育を誰が受けようとするのか、誰が受け得るのかが問題となってくる。受験界を代表する精神科医・和田秀樹の古い学力観による学力低下の提議も、一見無茶なようではあるが、この点においてのみ意味をなす。なぜならば、現実の学力が内発的な動機付けによるものではなく、受験という外圧によって支えられてきたものであることは、教育学者がどう言いつくろおうとも事実だからである。さらにそれに輪をかけて、もう一つの学力低下論として市川伸一がいうように、「学ぼうとする力」の低下には、より大きな問題が潜んでいる。古い学力でも新しい学力でも、さらには生きる力まで、みんなが平等になくしていくわけではないからだ。苅谷剛彦らが統計調査をもとに進めている最新の研究成果によれば、文化的に富んだ環境にある子どもたちは、それほど低下はしないという結果が導き出されている。反対に文化的に貧しい環境にある子どもこそ、学力はおろか生きる力まで大きく失っていくと予想されている。まさに文化的再生産論の典型である。

齋藤孝のように、総合学習の中に学校の再生を託する論者もいる。これは私も抱えるジレンマなのだが、あるところ（おそらく文化的に富んだ環境であろう）で成功すればするほど、失敗したところとの格差は広まってしまうのだ。齋藤の論は先に考察した「日本語」という隠れたナショナリズム・ヒドゥンカリキュラムの問題も抱えているが、その考察をおいても、文化的再生産論の見地から考えておくべき問題がある。「新しい学力観」といわれても、文化的に貧困な子どもの方が一体何をしたらよいのかわからなくなってしまう。いままでは、学習指導要領という一軸に沿ってディスオーダー（つまり学力不振）が起きていただけのことが、総合学習が入ることにより、多軸のディスオーダーへとより大きな広がりを持ってしまう。これは苅谷剛彦の「階層」分化論と重なるところが大きい。『階級社会日本』を著す橋本健二の議論も、現状あるいは過去の分析は微妙に異なるにせよ、将来予測として、「階級・階層」分化が激しくなるという結論に違いはない（東大生の親が高収入であることはすでに一九七〇年代からよく知られている事実である）。この点においては、学校週休二日制に疑義を提示した藤田英典も同様であろう。

文化的な再生産がより強力に働き、富めるものはより富み、貧しきものはより貧しく。まさに弱肉強食の市場経済の中に学校・教育がおかれ、教育も商品として市場化されるのだ。そして、その「市場」とは勝者が出れば敗者をもうみだす。それこそが、「市場原理」なのだから。最低限のカリキュラムを三割減らし、能力や資力に恵まれたものはどんどん自由にその先を学べばよい、と文部科学省のスポークスマン的存在であった寺脇研も言う。小浜の言う学校のスリム化も「階層」分化を促進する結果になるだろう。教育「特区」は、格差をひろげてきた。そこには何をやったらよいかもわからずとまどう自由も存在するのだ。自由経済と階層・階級が何ら矛盾せず、同居することが可能なのは欧米の例を引くまでもあるまい。さらにたちが悪いことに、平等意識が逆に働き、誰が文化的な貧者なのか特定して援助するといったアファーマティヴ・アクションをとることすらこの日本社会においては困難なことである。「あなたは文化的資本に乏しいので、援助の対象にしてあげましょう」と言われて喜ぶ人が、「中流」幻想は崩壊したとはいえ、どれだけいるだろう。もちろんこの先変わっていく可能性はあるが。

そしてここで悔恨の念を持って白状しよう。私は自分が運営していた「フリースクール」の子どもたちにできるだけ良い教育機会を与えたい。それが、私たちの「フリースクール」へ通ってきてくれる子どもたちへの私たちスタッフの責務だろう。しかし、全社会的に見たとき、「フリースクール」の存在すら知らない子どもたちもいるのだ。フリースクールへ通う子どもは約四千人、約三％にすぎない。その格差は、私たちががんばればがんばるほど開いてしまうという自己矛盾。しかも総合学習では、当の学習の内容まで、子どもたち（と教師）自身に任されてしまう。そう、見かけの上では「自由」「規制緩和」なのだ。「市場原理」なのだ。そして、結果責任は子どもたちのキャリアとなって現れていくことだろう。生きる力まで含めて。期待とは裏腹に総合学習の成功こそが、（そして、選抜システムとしての「学校」は依然として残る）教育の再編成をすすめたのだ。

なぜこんなことになってしまったのか。これに答えることは難しい。ただその手がかりは、一九八四〜一九八七年の臨時教育審議会（これは、受験競争の緩和をひとつの目的としていた）の答申に求めることができるだろう。戦後、ずっと理念とされてきた「平等」から「個性化」へ。そして最後は生涯学習で常に学習のチャンスは開く、というマジックワードでけりをつける。この競争は、「学校」だけでなく、「生涯学習」という名称で一生涯続くことになる。「学校歴」ではなく「学習歴」までもが問われる。ルールは学校教育から生涯学習へと変更されたのだ。画一的と非難されてきた学習指導要領だが、最低限の底上げ効果は戦後この時点まで果たしてきたと見るべきだろう。それが「自由」に開かれたのだ。それはパンドラの箱になるのかもしれない。しかもオープンだからといってそこへ誰もが行けるわけではない。それこそが、典型的な近代型の開かれた階級社会なのだから。

キーワードは「自由」。しかし、その全責任を否応もなしにかぶるのは子どもたち。大阪は鶴橋（在日朝鮮・韓国人が多く、労働者階級の人々の多い地域）出身の私が望んでいるのは決してそんな社会ではないのだが。

今も昔も変わらないはずなのに、なぜこんなに遠い。ほんとのことを言ってくださいい、これが僕らの道なのか？（西岡たかし&五つの赤い風船）

一九六〇年代、フリージャズをやっていた我が友人のジャズピアニスト板倉克行は、かつてこう言った。「フリージャズほど不自由なものはない」。しかしそれでも「なぜおまえはフリースクールを運営するのか」の問いには答えねばならないであろう。日本社会だけがこのように希望のもてない社会であると取り違えられかねない書き方をしてきたが、いわゆる先進諸国において、ほんとうにこの「自由」をあらゆる若者が享受している社会など存在しない。「平等」と「自由」の問題は、教育領域のみならず、あらゆる社会が抱え込んでいる問題なのだ。現実的にはいかにその格差を小さくし、超えがたくないものにするか。功利主義的といわれるかもしれないが、とりあえずそれしかない。そう思い、私はフリースクールをやっていた。それが、「自由」をキーワードとするアメリカンデモクラシーを当面越えられないものであっても、やめる理由にはならない。むしろ、大学・高等教育にまで拡張できないものかとすら考えていた。

確かに、私が運営していた「フリースクール」にいる子どもたちが全員、自分の社会的・経済的地位、あるいは文化的な資本に気づいているとはいえない。こちらが説教することでもない。私がいくら頭をひねっても、例えば団地の片隅で虐待を受けている子どもたちに何かが届くというものでもない。子どもすべて（幼児も含め）に自己決定権をなどというつもりもない。子どもの権利条約にもそこまでおおざっぱな記述はない。しかし、子どもは保護される権利がある。それは社会全体としておとなの責務である。それを果たさんがために、奇妙ないいわけになるかもしれないが、いまこの「フリースクール」にいる子どもたち自身が、ここに来ることができない子どもたちへ、思いを馳せられる子どもたちになってもらいたいとは思う。まるで先進諸国の恵まれた階級の子どもが第三世界の子どもに向けるまなざしと相似したことになるが、そこから近代市民社会の契約観だけに縛られない、新たな共生観を持つ子どもたちが巣立っていってくれる可能性に、「自由」に生きながらも、「自由」に翻弄されない子どもたちになってくれることを祈念しながら私は「フリースクール」をやっているのだ、とだけは言えるだろう。

■参考文献

マイケル・W・アップル著、門倉正美ほか訳『学校幻想とカリキュラム』日本エディタースクール出版部、一九八六年
マイケル・W・アップル著、浅沼茂・松下晴彦訳『教育と権力』日本エディタースクール出版部、一九九二年
マイケル・W・アップル・長尾彰夫・池田寛編『学校文化への挑戦』東信堂、一九九三年
稲村博『思春期挫折症候群』新曜社、一九八三年
苅谷剛彦『階層化日本と教育危機』有信堂高文社、二〇〇一年
苅谷剛彦『大衆教育社会のゆくえ』中公新書、一九九五年
小浜逸郎『子どもは親が教育しろ』草思社、一九九七年
佐藤俊樹『不平等社会日本』中公新書、二〇〇〇年
芹沢俊介編『消費資本主義論』新曜社、一九九一年
橋本健二『階級社会日本』青木書店、二〇〇一年
広田照幸『日本人のしつけは衰退したか』講談社、一九九九年
森重雄『モダンのアンスタンス』ハーベスト社、一九九三年
文部省編『学制百年史』帝国地方行政学会、一九七二年

第二章

ラジオ体操と日本社会の近代化過程

生まれたての赤ん坊の体重は約三〇〇〇グラム。それがおとなになると十数倍から二十倍以上にも大きくなる。生物学的にも成長する。しかし、ただ生物的・物理的に大きくなるだけではない。それぞれの文化の中ではぐくまれ、さまざまな時間感覚や空間感覚を身につける。言語もそうだ。アフリカのサバンナを流れる時間と、ニューヨークを分刻みで流れる時間は同じ時間であっても、その感じられ方は全く異なる。同じ日本でも、沖縄の島嶼部を流れる時間と、東京のそれとはやはり全く異なる。時間感覚がおとなになるにつれて違ったものへと形成されていくのだ。また同じ「日本人」であっても、平安時代の人が持っていた時間感覚と、現在の私たちの持つそれとは同じものではない。真木悠介の『時間の比較社会学』はこのことを考察している。

同じようにニューヨークの摩天楼と、中央アジアの砂漠では空間感覚も異なってくる。つまり私たちの持っている身体感覚とは、社会的に創られたものなのだ。近代的な身体感覚はどのようにして創られたのだろうか。その形成過程の一端を、ラジオ体操を例に考えてみようというのがこの章だ。

2―1　ラジオ体操という近代化

みんなが知っているラジオ体操。しかし、それがいったいいつ始まったのか、考えてみたことがあるだろうか。もちろんラジオ体操というのだから、ラジオ放送が始まった一九二〇年代以後であることは予想できる。しかし、そのラジオ体操が身体感覚にどういう影響を与えたのかとなると、あまりにも普及しすぎたために、それ以前と比較するしかない。あるいは他国と比較するしかない。こういった一連の作業をもとに、日本の近代人の持つ身体性がいかに形成されていったのかを考えていこうというのがねらいである。

ラジオ体操が成立した一九二〇年代という時代はいかなる状況であったのだろうか。ラジオ体操の成立には当時のニューメディアであるラジオの登場というきっかけが必要であった。まずは、簡単に世界のラジオ体操と比較し、ラジオ体操の歴史およびその体操としての前史について考える。つづいて、ラジオ体操をする身体について検討し、それが〈生活の時計化〉の完成の始まりであることを確認し、〈農耕する身体〉〈戦闘する身体〉〈生産する身体〉〈生活する身体〉の四つの次元を提唱したい。

つづいて音楽の問題を論じる。音楽番組としてラジオ体操を捉えようという試みだが、ナショナリズムと伝統、あるいは作られた古典、聖典とでも言うべき「カノン」とはいかなるものか、それらの正統性がどうやって形成されてきたかについて考察を巡らせ、「モダン」への視座を提出する。例えば、日本は二拍子系で、朝鮮・韓国は三拍子系などというリズムに関する俗論があるが、それはあたらない。日本を含めて、アフリカなどの一部を除く非西洋世界、とりわけ東アジア文化圏には、西洋流の意味での音楽は、近代化以前には存在していなかったのだ。この点で、早くから西洋世界の属領とされていた南米（北米も同じだが）とアジアは決定的に異なる。図式化してみよう。［西洋世界（南北・米大陸を含む）＝近代的音楽のある社会（二拍子系／三拍子系）］と［アジア世界＝西洋音階による〈聖典〉としての音楽のない世界］と分類できる。リズムのない社会と〈農耕する身体〉、リズムのある世界と〈戦闘する身体〉は、それぞれに両者は深く密接に結びついている。

最後にその当時の新しいメディアであるラジオについて、それがいかに形成されたかに始まり、ラジオ体操がどのようにして草創期のメディア・イベントとなっていったかについて考える。ラジオ体操を軸に「モダン」とは何か、後世に作られた聖性・伝統である「カノン」とは何か、それらはいかに形成されるのかを探っていこうという試みの幕開けである。

第二次世界大戦前・戦後を通して、日本の社会教育の中で、ラジオ体操は、メディアを通じ多くの人を巻き込んでいった珍しい成功例である。誰もがラジオ体操を経験しているといっても過言ではないはずだ。もちろんこの言い方は、社会教育とは何かという根本的定義にかかわるものであるが、ラジオ体操が何らかの効果を、ほとんどの日本人の肉体的・無意識的次元にまでわたって与えていることはまず間違いない。にもかかわらず、ラジオ体操への注目は低い。私の知る限り、日本社会教育学会や日本教育社会学会で数度報告がなされた程度である。黒田勇のいくつかの学術論文並びに『ラジオ体操の誕生』（青弓社、一九九九）、あるいは高橋秀実による『素晴らしきラジオ体操』（小学館、一九九九八年）のような著書も出されているが、量的に多いとは言い難い。体育学の領域においても、事典の項目にも出てこないことが多く、それほど研究が盛んとはいえないようである。

2―2　世界のラジオ体操

たしかにラジオ体操の体操としての効果はあやしい。ラジオ体操は国民保健体操というのが正式名称だが、ほんとうにラジオ体操が、国民の健康に寄与しているかは疑わしい。それどころか、ある医師（しかも鍼灸師の資格もあわせ持つ）によれば、やりすぎると腱を痛めるだけだという。それにたった三分やそこらで、運動不足が解消されるというものでもなかろう。[*1] この章のテーマではないが大いに疑問に思うところだ。

それでも大きな広がりを持ち得た日本のラジオ体操。その「ヒドゥンカリキュラム」、隠されてはいるが、現実に効力を発揮しているものとはいったい何なのだろうか。その意味を探るために、日本における（といっても戦前期には旧植民地や満州国でもラジオ体操は行われていたのだが）ラジオ体操について、身体、音楽、メディア（メディアイベントとしても）という次元で考察を進めたいと思う。

次節でふれることになるが、このあまりにも「日本」的にみえるラジオ体操の起こりは、日本ではなくアメリカ合衆国であった。メトロポリタン生命保険がある種の広告として放送したのがはじまりだ。『素晴らしきラジオ体操』によれば、それは生命保険加入者に健康で長生きしてもらうことにより保険金支払いを少なくし（少なくはならないまでも、支払う時期を遅らせることで利ざやが出る）、また「死につきまとう暗いイメージの生命保険を、明るく生き生きしたものに変えてゆこうという」[*2]広告戦略に基づくものであった。次節で詳しく見るように、日本のラジオ体操はこれを起源にしながらも、日本型のバイアスがかかったかたちで輸入され展開されていくことになる。

また中華人民共和国では、学校の休憩時間などに、ラジオ体操が、目の体操とともに無料のサービスとして流されている。しかしあくまでこれはサービスとして流されているのであり、日本のそれのように同調を求めるものではない。やるもやらないも本人の自由である。

反対に大韓民国のラジオ体操は日本のものに似る。学校でもなされるほか、軍隊でも活用されている。そのうえ、突きなどの動作が多く、日本のものより勇ましく、時間も五分五五秒と二倍近い長さがある。消費される運動量ははるかに多いはずだ。韓国がかつては日本の植民地であり、戦前期には日本のラジオ体操と同一のものが広まっていたことから考えると、それを原型にして別の方向へと展開していったものと推察できよう。

他にドイツでも放送されていたが、ラジオの放送に合わせて体操をするというだけであれば、さまざまなヴァリエーションがありえる。しかし、日本でラジオ体操といえば、夏休みの早朝、町内で集まりラジオ体操をするというように、ただそれだけではない意味が込められている。

2―3　日本のラジオ体操の歴史

ニッポン放送元社長の亀淵昭信は若かりしころ「僕たち日本国民は、どしても万歳すきなのね。悲しいときにも万歳、嬉しいときにも万歳、いつも万歳で始まる」と歌ったが、どうやら日本人はラジオ体操も好きなようだ。

付属のラジオ体操略年表を参照していただけるとわかりやすいが、ラジオ体操は一九二八年、昭和天皇の即位式・御大典記念の事業として企画された。八月一日に「少年少女夏期訓練」のなかで東京・大阪の各局から体操の放送がなされているが、定時番組ではない。本格的な定時番組は一一月一日の記念事業としてのそれをもって始まる。このことから、高橋秀実は「天皇に奉納されたもの」[*3]という側面を強調するが、人々がラジオ体操をそのように捉えていたかは疑問の余地が残されるところだ。

すでに述べたように、日本のラジオ体操は、メトロポリタン生命保険のそれが直接のモデルとなった。[*4]逓信省簡易保険局企画課長の進藤誠一が、渡米中そのラジオ体操に出会い、日本への導入を訴えた。続いて簡易保険局監督課長の猪熊貞治もメトロポリタン生命保険を訪れ、日本での具体化を提言する。同社はいま考えれば誇大広告としか思えない死亡率低下の発表を行ったりしているが、[*5]それを真に受けてしまったふしもある。が、ともかくも猪熊貞治は、文部省体育課長の北豊吉ともに放送協会へ話を持ち込んだ。放送協会の方も賛同を示し、文部省所轄体育研究所技師である大谷武一、国民体操研究所所長の松元稲穂などを中心にラジオ体操を制定していくのであった。なかでも大谷武一は「ハイカラな所を取り入れ」たという表現をしている。また『スポーツ大事典』には、国民保健体操は「この時代（一九二〇年代）のヨーロッパで注目を集めていたスウェーデン体操、デンマーク体操、リズム体操（ボーデ）などの日本的なアレンジメントであった」とある。またチェコスロバキアのソコール運動の影響を黒田勇は指摘する。[*6]それぞれに民族意識覚醒や民族復興をめざした身体運動であった。

この委員の中で松元稲穂は異色である。後述するように高木兼寛元海軍軍医総監に師事し、当時は修養団の幹事を務めており、二六年には『健康読本　国民体操』を著し、「国民体操を拡めるために、体操しながら眺める「体操掛軸」「体操人形」をつくり、「国民体操宣伝隊」を組織し、全国各地を巡っていた。そして、各地で「健康星取表」なる出席カードを無料で配布したのである。松元は、毎日国民体操をした後にカードに星を付け、その度に一銭ずつ貯金するように勧めている。一カ月続けると星取り表は星で埋まり、手元に三〇銭貯まる。お金も健康も「塵も積もれば山となる」を実感できるシステムなのだ」と松元は説いた。[*7] 後年のラジオ体操の会やその出席カード、そして表彰制度につながるシステムである。「ハイカラ」と「健康」。ラジオ体操のヒドゥンカリキュラムを解明する鍵がこの伝統の中にあるのかもしれないが、それよりもここで確認しておきたいことは、明治以来、体操は学校や軍隊を中心に広まり、愛好者を作っていたものの、「学校外でもスポーツに参加できるのは…中等教育以上でスポーツをする機会を得たものに限られていた」[*8]という当時の現状である。身体への、あるいは健康への、衛生への関心が高まりながら、充分には社会的基盤、インフラストラクチャーが整備されていなかった。ラジオ体操は、新しいメディアとしてその限界を突破する可能性を秘めて成立したのだった。

担当アナウンサーに就任したのは江木理一。陸軍戸山学校軍学部第三等楽長からの抜擢である。作曲者は福井直秋、伴奏者は丹生健夫。当初は東京ローカルとしてスタートするが、翌年二月には全国番組となり広まっていく。メディア・イベントとのからみで考察するが、一九三〇年の夏、七月二一日には集団で行う「ラジオ体操の会」が始まっている。すでに一九三四年頃には世界的にも耳目を集めていたようであり、『ニューズ・ウィーク』誌には「世界中どこの国でもまねのできない大きな仕事といえるだろう。その仕事とは、国民の顔を一つの方向に向けることで、たとえラジオを通してとはいえ、そのいわば、指導者・江木理一氏の内面をさらに分析する必要があるだろう」[*9]といった記事が掲載されたり、一〇月には蒋介石の使者が江木の自宅を訪ね「三年間二万元できてくれという話」[*10]があったというエピソードが残されている。

その後の略史は以下のようになる。[*11]敗戦時の一週間の休止をはさみ、GHQ、CIEの顔色をうかがいながら一九四六年改訂を行う。軍国色強い号令付きのこの放送に難色が示されたからだ。もっとも、GHQやCIEはラジオ体操のことなどさして知りもせず、また関心も示さず、重要視していなかったようだ。中には初めて日本のラジオ体操を知り興味を示す米軍将校もいたほどである。この休止はNHK側の勝手な勘違いの自粛であり、戦勝国への過剰なまでの同調の結果であったのだ。そして、二月一〇日に第一曲服部正、第二曲深海善次、第三曲橋本国彦の作曲ができ、振り付けをそれぞれ、東京女高師教授戸倉ハル（発表時には日本女子體育指導者聯盟）、舞踊家石井莫（同、石井莫舞踊研究所）、日本體育会體操聯盟に依頼。三月一〇日にGHQと関係者を招き第一と第二の発表会がなされるが、伴走曲はともにワルツ形式であったという。「体操の先生には放送史上初の女子指導者として、上貞良江さんが起用された」[*12]。しかしながら評判はさんざんなものであったらしく、高橋秀実は「実に難しい。とても二、三回でマスターできるようなものではなく、途中で腕が絡まるようである。その上、疲れる。栄養失調の人々にはまず無理である。当時のラジオ体操人たちの間でも、この改訂版は極めて評判が悪かった。」[*13]「改訂版には基本が欠けていたのである。ラジオ体操の真髄である「ついやってしまう」という感覚がこみあげてこず、これでは共振を引き起こせない。動きが単純でなければ人は共振しないのだ。それがラジオで説明することすらできなかった[*14]」と述べている。画面がないので、指導者のまねをすることができない。翌四七年第二放送に移ったのち九月一日には中止となる。

しかし、それでもラジオ体操は止まない。「不思議なことだが、放送が中止になってもラジオ体操人たちはラジオ体操をしていた。都内各地で蓄音機等を使ってラジオ体操を続けたのである。たとえば、銀座体操会、鉄砲洲体操会等は民謡を流し、民謡を踊るふりでカモフラージュしながらラジオ体操していた。台東区の松葉公園体操会などは、GHQ、警察の眼を逃れるため、近所にある矢先神社の林の茂みの中でラジオ体操していた。言わば「隠れラジオ体操」である[*15]」。そしてこの高橋が言うところの「隠れラジオ体操人」たちは、「復活を望む署名を集め、CIEに申し入れに出かけたのであった[*16]」。

この声を受ける形で郵政省、日本放送協会共催で関係省庁等を集めて会議を開き、国民保健体操制定委員会を作り完成したのが現在のラジオ体操である。高橋秀実はこの原案の作成者である遠山喜一郎にインタビューを試みている。遠山は一九〇九年生まれ、一九三六年のベルリンオリンピックに体操選手として出場している。記録上は簡易保険局、日本放送協会、文部省、日本体育協会、日本体操協会、東京新聞、毎日新聞、YMCA、地方自治体などから制定委員会に五二名が参加し、遠山をはじめとする原案作成委員が一〇名選ばれたことになっているが、現実には遠山が一人で作ったものだという。遠山は言う、「あの頃は、みんなで意見を出し合うことにしなきゃ民主主義じゃなくなるからって人を集めただけだよ。」「ひとりでつくらなきゃ本物がつくれるわけがないだろう。意見をいちいち聞いていたら継ぎ接ぎだらけの着物になっちゃう。いいかい、ラジオ体操の命は、〝流れ〟だ。動きの〝つなぎだ〟。リズムの〝流れ〟だ。これがなければ死んだとおなじだ[*17]」。

その後は略年表に挙げたように、いくつかの振興策がとられ、また経済の高度成長という社会構造の変化にものってラジオ体操は普及していく。

2―4　身体への注目

近代とは、自らの身体を客観視し、自ら作りあげていく時代だ。仕事や生活のありようによって、結果として身体ができてしまうのではなく、運動を通じ、食生活を通じ、ありたいと考える身体に自らを形成していく。もちろん、それが必ずしも思うようにいくとは限らず、むしろこの身体へのこだわりが、アノレキシア（拒食症）やブリミア（過食症）と関係するのかもしれないが、結果がどうあれ、自分の身体を自ら律していくという意識がそこにはある。

近代的な身体の編成を考えるにあたって重要なのが「健康」という概念である。保険会社のキャンペーンとして始まったラジオ体操も、すでに述べたように「健康」という概念と無縁ではない。まずは日本における「健康」観について考えてみよう。田中聡によれば、近代以前には「健康」という身体への意識はなかったという。そこにあるのは「養生」だった。代表的なものとしては、貝原益軒の『養生訓』。これをして田中聡は「おそらくこれが一般向けに出版された養生書の嚆矢[*18]」という。「健康」という言葉の登場は「明治になって福沢諭吉ら啓蒙思想家によって使用されるようになってから」だった。しかし、「明治初期には「衛生」という言葉のほうが、より流行語的にもてはやされた」[19]。さまざまな感染症の流行が「衛生」という観念を広めたようだ。また徴兵による国民軍の形成もそれに寄与した。つまり若い男性がほとんどの軍隊は衛生状態が極めて悪く、当時、日本に限らず、戦死者数よりも病死者数の方が多いという軍隊も珍しくなかった。

健康法が流行し始めるのを明治末頃だと田中聡は指摘する。その例として「岡田式静座法」「肥田式強健術」などを挙げている。また加藤美倫編著『国民日常　健康法大観』(国民健康法研究会、一九一七年)に、慈恵会医科大学の創設者で元海軍軍医総監の高木兼寛が序文を寄せていることなどを挙げ健康法の流行という[20]。用語としてはたしかにそうであろう。だが、この高木兼寛は医師であり、森鷗外と競って脚気の予防法を確立するなど(本当は高木が考えていた原因によるものではなく、いわば副作用が脚気の予防に効いていたのだが)近代西洋的な側面を有していたが、その一方で前近代的側面をも色濃く持っていた。その証左に神道の禊やその簡略版としての国民体操を唱道した人物である。そして前節で検討した松元稲穂の師匠格にあたる人物である。それからしてはたして前近代的な「養生」から「健康」への変化といってよいのだろうか疑問が残る。むしろ、伝統的養生観の最後であり、変容を示すものとみるべきではないか。ただ、それらが転換点をむかえようとしていたことは言えるだろう。

黒田勇はその転換後にあらわれた健康観について、健康に二つの定義を与える。ひとつは「身体をあくまで近代に適応する一般的な状態にしておくこと」、もうひとつは「より積極的に身体の合理化、近代化を要求する、いいかえれば、近代的生産様式に身体そのものを同調させる、もしくは矯正していくという意味[21]」である。つまり「ラジオ体操にみられる近代的生産様式への適応は、ふたつの側面で考えることができる。ひとつは身体そのものの矯正、もうひとつは身体の近代的時間への同調である」と指摘する。ひとつめは「近代的工業生産に適する身体の矯正の必要」に関連する。「ミシェル・フーコーのいう「監獄の論理」、身体に規律・訓練を加えることによって従順な身体をつくりだす政治的技術の行使」[*22]、フーコーの言葉を直接に引けば、「身体と身振りの相関化である。…その取締りは、効果と速度の必要条件たる、或る身振りと身体の全面的な姿勢との間の最良の関係を強制する」[*23]ということになる。身振りが、身体のあり方がどう変容したのか、これはこの節の最後にもう一度論考する。

もう一つの「身体の近代的時間への同調」を先に検討しよう。これをもっとも一般的な形で、もっとも早く指摘したのは、真木悠介であろう。『時間の比較社会学』のなかで、「富岡製糸をはじめ日本の近代化の初期の工場労働において、労働者が時間通りに出勤し時間にしたがって操業するという習慣が形成されることだけのためにも、一〇年から一五年を要したという。女工たちは「仕事中に仲間と話をしない」という就業規則に何年間もなれることができず、このことを要求する外人監督官をただ「いばっている」としか理解できなかった。前近代の共同体においては、仕事中に仲間と話をしないことの方が、よほど不自然な態度であったはずである」[*24]と、近代的工場労働への時間意識の適応の問題を指摘している。そして、「一社会の基礎的な産業部門と経済システムが、分単位までに精緻化された活動の時間的編成をもつということ、そして一社会全体の生活が一般に—すなわちそうでない部分の方が例外的であるというふうに—時計的に再編されていることは、近代社会の特質である。…まず、工場と官庁が、次いで学校が、最後に放送、とりわけテレビジョンが、近代人の〈生活の時計化〉の領域を順次拡大し、密度を細密化していった。」「近代における国民的な義務教育、「普通教育」

の主要な機能が、―少なくともその潜在機能が―教科の内容自体よりもむしろ、時計的に編成され管理された生活秩序への児童への馴致にあるということを、すでに幾人かの著者は指摘している」[*25]。

ここで、ＴＶが「生活の時計的再編」の最たる形態として取りあげられている。ラジオのコンテクストにそれを置き直せば、〈生活の時計化〉の最後の段階が自発的に始まりだしたものとしてラジオ体操をとらえることができるだろう。〈生活の時計化〉は近代的な学校教育のヒドゥンカリキュラムとなっていき、「最後に放送メディア、とりわけテレビジョンは、就労も通学もしていない残りすべての家族たち―主婦や老人や幼児たちの生活を時計化する[*26]」ことになる。この再編において「ファシズムの形態をとらない現代の「自由な」大衆社会においてさえ、テレビジョンが家族の生活時間をそれ自体として積極的に編成する力を持っているのは、その時間がかつての柱時計とか目覚まし時計のそれのように〈拘束するもの〉の相貌をもってでなく、〈提供するもの〉の相貌をもってあらわれるからである。それは社会的時間の支配の、〈夜警国家的〉な形態から〈福祉国家的〉な形態への移行である。すなわち、国民の欲望の操作を媒介とする全生活の組織化である[*27]」。ラジオ体操についてここから何を読みとるか。前代の農耕社会が、日の出・日の入りにあわせた不定時刻制であったのとは対照的に、定時的に「朝」を告知し、「歓びをもって」時計化を進めるラジオ体操。〈福祉国家的〉な形態への移行の萌芽をもみてとれよう。一九二〇年代といえば都市新中間層が成立し始める時期であるが、この時期のラジオ体操の広がりは偶然の一致などではなく、近代化の進展という見地からはむしろ必然的なことといえよう。

もう少し緻密にみていくことにしよう。黒田勇は「ラジオは「時間告知」によってのみ時間の管理者になったのではない。毎日の番組とそのつながりの繰り返しによって、その時間の流れに人々の生活を同調させていったのである。だとすれば、毎朝定時刻に生活とともに始まり（季節による夜明け時刻の変化には関係なく）、身体運動をともなうラジオ体操の番組は同調の有効な仕掛け[*28]であり、「定時刻にラジオ体操を行うことが「規則正しい」生活、「規律的な」作業への努力の象徴的行為として意識され[*29]」ることとなる。さらにそれに重なる形で「ラジオ体操の内容自体が「規則正しい」リズムによって行なわれ、近代的生産様式のリズムを象徴していたということもできる」と指摘している。

エドワード・ホールにならいアメリカ合衆国に代表されるこの時計化されきった時間感覚をモノクロニック、そうでない多様な時間の流れをポリクロニックと呼ぶならば[*30]、ラジオ体操はその放送のされ方として、さらに放送内容として、モノクロニックな時間感覚への移行を象徴するものといえよう。

さて残されたのが身体そのものの矯正である。ここでも健康観のときと同じように、少し長いスパンで考えてみたい。伝統芸能研究家の武智鉄二はその著書『歌舞伎とはどんな演劇か』で、かつて江戸時代のある時期まで、日本人は「ナンバ歩き」であったという。「歌舞伎にはまだまだナンバの身振りが多く使われている」というが、このナンバとは「右足が前へ出るとき、同時に右手も前へ出る身体行動である[*31]」。これは、日本人に限ったことではない。野村雅一によれば、トルコ行進曲もそうである。彼はもっと積極的に「ナンバはどうも世界に相当ひろく分布する姿勢であって、むしろ西洋人のように足と腕を左右反対に動かして、反動を利用しながら歩くというほうが特殊な歩き方として発達したのではないかとおもえてくる[*32]」とまで主張する。しかし、日本人のナンバ、すなわち四足獣の歩でいえば「側対歩」への偏愛は相当なもののようである。野村雅一が記すところでは、「四足獣の歩容はいろいろあるのだが、馬の場合は人間のウォーキングの歩き方とおなじように、右前肢が前へでるとき左後肢がでるという「斜対歩」が本性である」にもかかわらず、「馬の片側の前後肢を棒でひとつに縛りつけたり、後肢に綱をつけて引っ張ったりして、右前肢といっしょに無理やり右後肢もでるように訓練した。これは「側対歩」といわれ、まさに人間のナンバ歩行にあたる[*33]」その結果として馬の歩行速度は、人とさして変わらないまでに遅くなる。日本に来た西洋人の目には異様に映ったようだ。

人間の場合には、「農民が畑で、鍬もった姿勢である。この姿勢で右半身、左半身と交互にだして歩行に移ると歌舞伎の六方のようなナンバ歩きになる。武智氏はこれこそが農耕民族としての日本人固有な動作の構えであるといった[*34]」ということになる。これが日本人固有なのかどうかはわからないが、日本人がかつてナンバ歩きであったことはおさえておきたい。

この身体のあり方を、〈農耕する身体〉と私は命名したい。この身体様式では西洋的な体操は不可能である。いや、体操だけではない。近代国家にとって、より重要な「戦闘」が不可能だったのだ。それをいみじくも武智鉄二は指摘する。そのことが明かになったのは「明治十年の西南戦争において、農民兵からなる官軍が薩摩武士軍団に惨敗したことであった。装備の点では数十倍も優れた官軍は、野戦にも敗れ熊本包囲戦にも実効をあげることができなかった。結局、政府は農民兵(鎮台兵)によらず、会津武士群を召集して、ようやく薩摩軍をやぶることができた[*35]」。なぜなら「農業には駆け足というものもないし、隊伍を組んで歩くという共同作業の習慣もなかった。ナンバで歩くのだから遠心力や慣性の利用も不可能だった。いざ突撃というときにもジグザグに走ることができないで、皆狙い撃ちに射ち殺された。」それゆえ、「日本の伝統的な労働体位でかためられ、ジグザグ行進さえできない農民は、近代戦の兵隊としてまったく無価値で、騎馬民族的な体操によって、根本的に鍛えなおす必要があった」というのだ。このために「洋式の体操の研究は明治十一年に開始されるが、文部大臣森有礼は明治十九年に兵式体操を義務教育に取り入れることを決定する」[*36]。

一八七三年に徴兵令は出ているが、日本が本格的な近代軍の創設に備え体操を取り入れるのは、西南戦争という大きな内戦を戦った翌年に体操取調掛を設置し体操伝習所を設立してからであり、それが一般に広まるのは一八八六年になってからである。とくに「普通教育」へはタイムラグがあるといえよう。

ここで作られる身体を〈農耕する身体〉に対して、〈戦闘する身体〉と名づけよう。つまり「近代戦の兵隊として」、有用な身体の形成である。しかし、これでもまだラジオ体操の地平にはいたらない。なぜなら、ここにおいても体操は強制されてするものであり、進んでするものではないからである。ラジオ体操とは高橋秀実もいうように、「自発性」「自主性」をかもし出す「愉快な体操[*37]」でなければならないのだから。

ここにいたるには、「身体の近代的時間への同調」で検討したように、近代的生産様式、いいかえれば工場で生産に携わる身体とならねばならない。これを前二者に対して工場〈生産する身体〉と呼ぼう。ここにいたって〈生活の時計化〉の完成段階が始まる。「欲望の操作を媒介する全生活の組織化」の完成の始まりである。

時代は下り、終戦直後の中断をはさみ、翌一九四六年、ラジオ体操は改訂される。すでに述べたようにこの改訂版は評判が悪かった。簡単に覚えられるものでなく、高橋秀美がいうところの「共振」を引き起こすものでなかったためである。ラジオ体操の出来そのものが悪かったのに加えて、都市部は焦土と化してしまった日本で、学校はともかくも、そろってラジオ体操をおこなう場所は、焼けてなくなってしまっていたというのが現実だったのではなかろうか。高橋秀美によれば、空腹をこらえてまで誰がラジオ体操をやったのだということになる。

しかし、それでもラジオ体操は復活する。一九五一年には現在のラジオ体操第一が、翌一九五二年にはラジオ体操第二の放送が再開される。高度経済成長期にはまだ間があるが、すでに朝鮮特需などで、日本の経済も回復基調にあった時代である。一九五六年には「もはや戦後でない」と経済白書に書かれたが、二次・三次産業は上向きつつあったのだ。その中で、工場や職場の毎朝の始業式に取り入れられたのが、現在に至るラジオ体操だったのである。

自衛隊はいざ知らず、もう〈戦闘する身体〉の養成は一般には不要となった。変わって求められるのは、工場などで〈生産する身体〉である。おりしも日本の経済は、世界でも例を見ないまでの高度成長を遂げていく。そして、就業構造の変化とともに都市新中間層の人数も飛躍的に増大していく。そのような中、工場で、学校で、毎朝の朝礼や始業式に取り入れられていったのが、現在のラジオ体操である。みんな一律に、平等にかつ同時に「健康」的な朝を迎えるために、ラジオ体操は喜んで迎え入れられたのである。一二三の動作からなるシンプルな、現在に続くラジオ体操は、覚えやすく、みなに「共振」を覚えさせるものであった。

ラジオ体操の隠されたカリキュラムは、〈戦闘する身体〉から〈生産する身体〉へと、こっそりと、そして大胆に変更されていった。しかし、時間感覚を養成し、一律な共同作業を行う身体感覚の養成というその現実的な意味合いで、初期のラジオ体操も戦後のラジオ体操も同じ役割を担っていたのである。

もちろん組織化されていない前近代的な身体のありかた・使いかたが、すべてすばらしかったということをここで言いたいわけではない。身体のありかた・使いかたは、当該社会のありかたに規定されるのだ。呼吸法や朗読法を変えただけ（例えば名文を「声に出して読んで」みただけ）では、生産様式に規定された身体のありかた・使い方は、全面的に変わることはない。

身体のありかたの編成が、「昭和」という時代にその近代的な完成の開始を迎え、その後一九六〇年代からの経済の高度成長が、まさに「生産の時代」であったことをふまえれば、「昭和とはラジオ体操の時代であった」ということができたかもしれなかった。

しかし、もう一つの段階を想定することもできる。就労構造は、一九七〇年代に、すでに三次産業にシフトしているが、一九九八年、ラジオ体操第三にむけての予算措置がおりた。ほとんどあらゆる国民、すなわち老齢者にもできる、座ったままでもできるやさしい体操である。生涯学習の時代、福祉の時代にいたって、ラジオ体操が編成する身体も個々の生活者に準拠した〈生活する身体〉へむかうのだろうか？　結論は、〈福祉国家的〉な形態への移行の完成だったようである。

2—5　モダンな音楽

あまり、注目されていないことだが、ラジオ体操は音楽番組でもある。西洋音楽の楽曲にあわせて体操するということだ。『スポーツ大事典』によれば、「音楽をふんだんにとり入れたこの番組の背後には、のちに音楽評論家として活躍した堀内敬三（当時、東京中央放送局の職員）がいた。彼は〈音楽を知るラジオ体操の指導者を推薦してほしい〉という依頼を陸軍富山学校の校長香椎浩平（中将）に出し、校長命令で推薦された。江木は楽長であった」。ここからも、身体とともに音楽もその近代化モデルのプロトタイプが軍隊にあることがうかがい知れる。またラジオ体操にとってその音楽は、きわめて重要な意味を持つ。にもかかわらず、音楽の面からラジオ体操を考察したものはいまだないようだ。

現在のように、日常生活の音風景（サウンドスケープ）に音楽が登場するのは、ヴァルター・ベンヤミンの『複製技術時代の芸術作品』[*38]をもちだすまでもなく、蓄音機とラジオが普及して以降だ。ラジオというメディアはその最初期から、音楽に焦点を当てている。ちなみにレコードの方では、楽曲の選定に気を配らなかったがために、エジソン型の蓄音機は普及をみなかったという歴史がある。[*39]メディアを供給する側からみても、どういう音楽をそのコンテンツとするかが、その普及の大きな鍵となるのだ。

ところが、ラジオは急速に普及していったにもかかわらず、これを拒絶する人々も存在した。サウンドスケープ論で知られるマリー・シェーファーの言う「音分裂症 shizo-phonia」を拒む人たちである。これには吉見俊哉が『声の資本主義』において興味深い指摘をしている。彼はまず永井荷風が記した『断腸亭日乗』の一九三二年九月一六日の項を引く。

「隣家の人このごろ新にラヂオを引きたりと見え早朝より体操及軍隊の響聞出し、眠を妨ぐること甚し。（中略）いかにも下品にて耳ざわり悪しき俗語なり。[*40]」この体操は年代から判断してラジオ体操だと推察できる。吉見は荷風の記述を受けて、「ラジオはたしかに、晩年の荷風にとって最大の敵であった。…ラジオの場合、どれほど耳をそむけようとも、スピーカーから流れる音が耳のなかへ進入するのを防ぐことはできなかった。そして、荷風にとってそれらの音は、単なる騒音以上のものだったのである[*41]」と述べている。音に敏感な荷風は、「元の音とその音の電気音響的な伝達・再生との間の分裂」である「音分裂症[*42]」に耐え難いいらだちを覚えたのだった。

それにもかかわらず、音楽の普及にラジオ・蓄音機という新しいメディアは決定的な役割を果たした。渡辺裕は『音楽機械劇場』の第二部で、蓄音機・ラジオ・映画が二〇世紀前半にどのように音楽を変え、普及させていったかを論考しており興味深い。ベンヤミンの友人アドルノは「アウラ」の喪失を嘆くが、複製が可能であればこそ、音楽が巷間にあふれ出したのだ。日本において蓄音機が雑誌広告に載り普及し始めるのは一九二〇年代、（十二音階で形成される西洋）「音楽」が人々の意識にのぼり始めるのは、まず軍隊において、続いて学校においてである。しかし、その普及を支えるメディアを欠く一九二〇年代以前においては、「音楽」はなかなか根付かなかった。蓄音機をそしてレコードを購入しうる「モダン」を愛好する富裕層、つまり萌芽的に成立し始めていた都市新中間層においてすらそうである。その状況を指して渡辺裕は次のように記す。

「ヒコーキレコード」という「モダン」な名前の新しいレーベルの売り出しを図る帝国蓄音機商会（テイチク）が大正一二年八月号に出した新譜の案内には、義太夫「阿波鳴門」、浪花節「四谷怪談」といった項目が並んでおり、どう見てもわれわれの世代が抱く「モダン」のイメージとは程遠い。おそらくこれが文化のアクチュアルなあり方だったのだろう。海や山へポータブル蓄音機を運んでいった人々も（本当にそういう人がいたのかどうかがまず問題だが）、その多くはバッハやベートーヴェンではなく義太夫や浪花節を聞いていたにちがいない。日本の音楽文化の「近代化」とはそういうものだったのである！[*43]

さらに渡辺裕は、日本の音楽が「消費型」のそれでしかなかったことを力説する。つまり、自ら演奏し作り出すものではなく、ただ消費するものにすぎないと。これは、さらに後年一九八〇年代にカラオケというかたちで、歌が「消費」・解体すると芹沢俊介らが指摘する事態まで続いていく。[*44]

それはさておき、当時、日本人にとってアクチュアリティをもって音楽と感じられていたものとは何なのだろうか。渡辺裕の指摘からしても、それが西洋音楽であったとは思えない。彼は別の箇所で、音楽の歴史において「後世の側からみると、あたかも必然であったかのようにみえるというだけでのことなのだろう。人はこのタイムラグにあたる時期を「過渡期」と呼ぶのかもしれないが、その中におかれた人間にとっては「過渡」でも何でもない。もっと言うならば、歴史は常にそのようなズレをはらみながら進行してゆくものなのであって、両者の方向性が完全に一致しているような予定調和的な状態などというものはそもそもありはしないのである。その意味では常に過渡期であることにこそ歴史のアクチュアリティがあると言うべきなのかもしれない」という。[*45]では、何がどのようにして、そのアクチュアリティを整理し、音楽史上の聖典・古典を形成し、歴史を創造するのか。

ここで焦点をいったん言語、文学に転じてみたい。ベネディクト・アンダーソンは、出版資本主義が「国民意識の基礎を築いた」[*46]という。つまり、(聖なる言語であるラテン語に対し)それまでヨーロッパ各地で話されていたアクチュアリティある俗語を整理し、いくつかのものは民族語へ、他のものは方言へと定めていった歴史である。これ自体は意図してなされたことではない。しかし、日本においては事情が異なる。ハルオ・シラネ・鈴木登美編『創造された古典』の主張に従えば、現在、古典(＝カノン)とされている日本文学は、明治期において、欧米諸国との対抗上、欧米にそれがあるように日本にもそれがあると歴史遡及的に創造されたものだということになる。そしてそれを、「国民の宝」として学校教育などを通じ普及していったのだ。[*47]時代時代によりアクチュアリティがあった書物をある意図を持って整理し創造されたのが日本文学史なのだ。文学という次元だけでなく、日本語そのものについても国家的統一がはかられる。

「一八九〇年発布の教育勅語は、こうした伝統的な儒教の徳目を、家族に基礎をおく国家の意識と結びつけ、「忠君愛国」を強調し、それによって、全国の学校を通して人民を「臣民」に変えるという明治政府の目標を実現しようとした。国語概念の構築にあたっての指導者であった上田万年(一八六七〜一九三七)は、一八九四年に、「忠君愛国の大和魂」と「日本国語」は日本を国家として統一する二つの力であり、「国体」は「国語」のなかに体現されていると論じている。ここで前提となっているのは、一九一一年の朝鮮総督府令にあらわれるように、「国語は国民精神の宿るところ」であり、国文学の古典は国体を理解するためにあたっての鍵となるということであった[48]」

このようにアクチュアリティある諸方言のなかから、また支配階級の伝統のなかにある書き言葉を反映しながら、書き言葉としての「日本語」が確定されたとする。

音楽の問題に戻ることにしよう。『創造された古典』とパラレルな形で大熊亘がきわめて重要な指摘を行っている。「邦楽調査掛」が東京音楽学校内に設立されるのは一九〇七年。西南戦争の翌々年一八七九年の音楽取調掛の設置に遅れること二八年。これは日清戦争から日英同盟、日露戦争へと高まっていったナショナリズムと関係がある。大熊亘はこの設置について細川修平の論考[49]を踏み台に「公認すべき「伝統」とそうでないものとの選別作業であった」という。「今日「邦楽」と呼ばれているものは、ここで目出度く選ばれたものであるとし、当時人気だった新内や浪曲などのポピュラーなものはふるい落とされたのだった[50]」。これにより、「民謡」―この言葉が一般的に定着したのは実は戦後になってからであり、それまでは「俚謡」「田舎唄」などが使われていた。「俚謡番組」という題名だったＮＨＫのラジオ番組が「民謡の時間」と改められた（一九四七年）のがひとつのきっかけだった―が、成立したのだ。「民謡」という言葉は、「一般的には一九世紀末、森鷗外や上田敏らがVolkslied・Folk song などへの訳語として使いだしたのが最初」である。

これは彼ら外国文学者たちが、無媒介に身の回りの「田舎唄」を称揚しだしたのではなく、当時のヨーロッパの、国民国家／国民文学時代における「フォークロアの復権（というよりはそういう視点の発見）」という文芸思潮を意識した、ある種「近代的身振り」といえる。（中略）が、文明開化の世間では「遅れた田舎の一掃されるべき卑しい唄」という認識が多数をしめていた。[*51]

このように「知識階級の片隅に「民謡」概念が浮上してきた」ときに「世間ではのちの「民謡」からみるといわば「似て非なる」歌謡群が大ブレイクしていた。「宮島節」「宮津節」「金平船々」「琉球節」「博多節」「木曽節」「伊那節」「磯節」「越後甚句」「名古屋甚句」「さんさ時雨」「追分」等々[*52]」、これらは俗謡として、三味線にお座敷という遊郭を中心に歌われたのだ。もう一度、大熊の言葉を引こう。「レコード産業などの複製文化時代が到来する以前は、唄が流通し、変容していく中心的な「場」は、寄席やほかならぬこの遊郭だった[*53]」。これらは、「にせもの」として、あるいは「来るべき規格を乱す者として、支配的なエリートから糾弾、罵倒された[*54]」のだった。

もうひとつ、同様に糾弾、罵倒されたのが、「ジンタ」だった。『平凡社百科事典　マイペディア』によれば、ジンタとは「少人数の吹奏楽隊の俗称。ドラム、クラリネット、ラッパ等で通俗曲を演奏し、広告宣伝や売出し，サーカスの景気付け等を行なう。明治末～大正初期に出現。」とあり、『日立デジタル平凡社　マイペディア九九』には「明治中期に興った〈市中音楽隊〉が全国的に広まったもの」「大正後期には姿を消し、チンドン屋などがとって代わった」との記述がある。前者が「ジンタ」と「チンドン」を区別していないのに対し、後者は両者を別物として位置づけている。大熊は糾弾、罵倒の対象として当時の建築様式である「木造漆喰造」とともにこの「ジンタ」を挙げ次のように記す。「繁華街では「木造漆喰造」とよばれる摩訶不思議な折衷様式の建築群が林立、その脇をすり抜けていくのが「成り下がり」の「似て非なる」楽隊＝「ジンタ」だった[*55]」。「俗謡」も「木造漆喰造」

や「ジンタ」と同じく、「別な視点で眺めれば、このやや無秩序な娯楽は、巷のひとびとが誰に指図されるでもなく、てんでにたのしみを追求したことの証だった」[*56]。それが日本における音楽の近代化の実態だった。

唄本以外にさしたるメディアが普及していない（もちろん五線譜もない、あっても読めない）一九二〇年代まで、このようにして音楽は流通したのだ。そして「俗謡」はともかく、「ジンタ」には西洋音楽への憧憬が反映されている。それが「似て非なる」ものであっても、民衆は我々の西洋「音楽」として、喜んで受け入れたのではないか。また中川敬は添田亞蟬坊のラッパ節の解説として「一九〇五年、日露戦争の真っ只中、読売りのベテランのおばさん（渋井かく）に、「どうも演歌の文句は堅苦しくていけないよ。先生、もっとくだけたものを作ってくださいよ」と訴願された亞蟬坊が、それも一理あると苦笑いしつつ作ったのが〈ラッパ節〉である。壮士演歌の旋律の乏しさ、悲憤慷慨調の画一さから脱却した革新性が大いに受け、同曲の流行は「明治」の終わり迄続いた」[*58]と記す。ここで指されている「演歌」は、もちろん「戦後歌謡曲」の「演歌」とは全く異なるものであるが、複製芸術時代以前の音楽への渇望を示す興味深い逸話である。[*57]

少なくともサウンドスケープの中に音楽がしめる割合は、ラジオや蓄音機が普及した後とは比較にならないほど小さかったことを確認しておこう[*59]。先にも指摘したように、新しく登場してくるメディアであるラジオにとって、音楽はきわめて大きな要素なのだが、それはラジオ体操にも言えることなのだ。そして号令をかけるアナウンサーが、陸軍戸山学校軍楽部第三等楽長（少尉相当）から抜擢された江木理一であったことは先ほども記したところである[*60]。これはきわめて重要な意義を持つ。当時の軍部と日本放送協会の力関係―日本放送協会はまだ成立したばかり―もあろう。しかし、「ジンタ」ではない本当の軍楽隊の楽長。軍隊が「近代化」の過程の中で重要な役割をもつものであり、そして当時の聴取者の少なさも手伝って、それだけになおいっそうラジオ体操は「モダン」なものとして民衆には映ったはずである。当時、欧米への憧れは「モダン」[*61]という言葉にこめられた。「耳」で感じる「モダン」。しかも、街中にある「似非もの」の「ジンタ」「チンドン」ではなく、まさしく「カノン」。本物の西洋音楽。それまで軍隊や学校などから一般大衆に解き放たれたのだ。物珍しいラジオは集団で聴取された。ハードウェアであるラジオも「モダン」なら、ソフトウェアの「音楽」も「モダン」。上着を脱ぎ蝶ネクタイで袖をあげる服装。先に挙げた『断腸亭日乗』に出てくる偏奇館（荷風の住居）の隣人ではないが、多くの人々がラジオに魅了されていく。ラジオの聴取者は音楽そしてラジオ体操という「ヒットコンテンツ」を楽しみたいがために増加していくのだ。

2―6　ラジオというメディア

「モダン」とも似ているのか「ラジオ」という言葉にも私たちは特別な意味を持たせている。ラジオペンチ、あるいは秋葉原のラジオセンターというように。ラジオ体操もその一つなのだろうか。

現在、あるいは近年までといった方が正確かもしれないが、放送と通信は全く別の領域のものとみなされている。しかし当初、マルコーニによって無線が考案された時点においては、そのような領域の区分はなかったのだ。吉見俊哉の前掲書によれば、マルコーニは「無線通信は有線電信の延長線上のもの」[62]と考えていた。またフェッセンデンは電波に初めて人の声や「蓄音機の音楽やバイオリンの演奏や歌、スピーチなど」[63]をのせたのだが、「彼が考えていたのは、あくまで有線電話の延長上にあるものとしての「無線電話」の実用化であった」。そして吉見は「技術としての音声無線の登場が、決してそのままラジオ放送を誕生させていったわけではない」[64]と結論する。想像をたくましくするならば、現在の携帯電話、あるいはインターネットのような方向性、つまり双方向性への道もあり得たのだ。もちろん、それには社会経済的な制約があるのだが。

マスコミュニケーションの基本的な一対多という構図、一方向性を構想したのはド・フォレストであった。「音声無線を電信的なメディアとしてでなく、音楽やオペラを広範な人々に供給していく大衆娯楽的なメディアとして事業化していこうと本格的に考えるのは、ド・フォレストが最初」[65]であった。「彼は、オペラに通うことはできなくても、音楽を享受しようと欲する膨大な大衆が存在していることに気づいていった。この大衆に無線の受信装置を販売し、彼らの家庭に音楽を放送していくこと、これがド・フォレストによるラジオ事業の基本的な構想であった」[66]。ド・フォレストの着想をもって、初めて放送という枠組みができあがり、通信という枠組みと分離していく。

この放送という枠組みの上で、初めて「話し言葉」の統一をラジオが進めることになる。すでに、出版資本主義が印刷技術とそれが生み出した正書法を持って民族という「想像の共同体」を作り出したこと、また日本においてはそれが意識的になされたことを指摘しておいた。東京放送局の総裁であった後藤新平の次の言葉を挙げておこう。「人類は本来一つの文明に統一されるべきもので、その間に区々とした人種差別があってはならない。その意味からすれば、地球上には放送局が一局あれば足りるわけであるが、言葉、習慣、風俗の相違から実際にはそのようにまいらない。しかし、言語、風俗の等しいわが国では、正しく一局で足りるわけである」[*67]。

これをうけながら、高橋秀実は、「天下の日本放送協会。アメリカのラジオは企業の広告メディアだったが、日本では天から下々へ電波を授けるのである」[*68]と記す。同じラジオ放送といってもアメリカ合衆国では、広告を収入源とする営利企業。それに対し、日本のそれは、耳のナショナライゼーションをすすめる「公共物」であった。上からの近代化とそれを支持する民衆。ふたたび高橋秀実を引こう。「電波の全国中継網が急ピッチで整備されたのも「天皇陛下」を伝えるためである。最初の放送は「大正天皇の御病気」。深夜に至るまでの早朝に天皇の病状の悪化を刻々と流し、崩御、そして元号が大正から昭和に代わる過程を、音のドラマとして伝えたのであった」[*69]。

放送は公共のものであった。私的営利を追求するものとは観念されなかった。それゆえ、高橋秀実も指摘するように、「天からの電波に広告をのせることは全面的に禁止されていた」[*70]。これをめぐり、ラジオ体操が簡易保険の宣伝にならないかという問題が持ち上がるのだが、広告どころではなく逓信省電話課長の戸川政治は、ラジオ放送が日本で始まる直前、一九二四年二月号の『無線タイムス』誌上で、「音楽其の他娯楽に関するものは、昼間はすべての人が夫々業務に就いているので娯楽でもあるまいという趣旨から、日曜祭日を除くの外、夜間に限って行わしめる」。さらに、「聴取の方も、亜米利加の如く無許可で自由に行われるものと思ったら大間違いである。かならず所轄逓信局長の許可を受けねばならぬ。若し之に違背した場合は、無線電信法に依り遠慮なく厳罰に処する方針」であると述べている。この背後にある考え方は吉見俊哉によれば「ラジオをあくまで「通信」として捉え、その守秘性や国家性を侵す恐れのあるものはあらかじめ排除していこうという姿勢」[*71]ということになる。戸川の考え方に従えば、ラジオ受信機も、建築物のような許可制、そこまでいかなくとも、自動車のような届出制ということになったかもしれない。そこには、メディア産業という着想はない。実際、先の後藤新平の言葉ではないが、民間放送が始まるのは戦後の一九五一年をまたねばならない。年表に記したように一九二〇年代前半に民間で盛んに実験されたラジオ放送だが、一九二六年から一九五一年の四半世紀の間、日本放送協会の独占体制であった。

しかし、荷風のような少数者を除けば、聴取者はそれを押しつけと感じず、むしろ自ら喜んでラジオ受信を進めていく。資料に付したラジオ契約者数の驚異的な伸びはそれを示している。[*72]前節でも述べたが、ラジオは「モダン」だと意識された。しかも、「モダン」がさまざまな含蓄を含んで人口に膾炙《かいしゃ》するなか、「健全」な娯楽を提供するものとして。荷風にしても、放送の独占に腹を立てているのではない。もう一度『断腸亭日乗』をみてみよう。「たまたま放送局員の天気予報をなすに、北東の風あるいは南東の風あるいは愚圖ツイタ天気などという語を用ゆ。これ頗《すこぶる》奇怪なり。われら従来北東南東などの語を知らず、東北東南と言馴れたるなり。またグヅツイタ天気というは如何なる異なるや、愚圖々々してゐるという語はあれど、愚圖ついてゐるという事はかつて聞かざる所なり。……いかにも下品にて耳ざわり悪しき俗語なり。[*73]」とある。話し言葉にも敏感であった荷風であるからこそ、このように非難がましい言葉を書きつけたのだろう。しかし、現在私たちは何の抵抗もなく「北東」「南東」と言い、「ぐずついた天気」を了解する。書き言葉が印刷技術を媒介にして、あまたある方言から標準語としての民族語を成立させたのと同様なベクトルで、話し言葉は放送を媒介にあまたある方言から標準語を普及確立させる。学校教育ではなしえなかった範囲までをも、話し言葉の次元で統一していく。話し言葉の標準、「カノン」が成立する。話す＝「口の統一」はまだ後年だが聞く＝「耳の統一」はここに完成する。意識にはのぼりにくいが、ナショナリズムが進行していく。

ここで、受信者の側に焦点を変えよう。当時のラジオは真空管式の大きなものであった。また外国製の輸入品も多く、高価で物珍しいものであった。当然、モビリティもなく一家に一台の大きな装置であった。[74]このような技術的、社会経済的制約の結果として、映画を観るような形態、つまり集団聴取ということになる。[75]当時のラジオはパーソナルなメディアではない。ラジオがパーソナルなものとなるのは、トランジスタラジオが普及する一九六〇年代以降のことである。また話す＝「口の統一」はなされない。現在に到っても誰もがアナウンサーのようには、話さない。

このような集団聴取の段階で始まったラジオ体操も、必然的に集団でなされた。黒田勇の指摘によれば、この「集団で行うラジオ体操こそがラジオ体操を日本の「独創的発明」とした」[76]ことになる。ラジオ体操略年表に記したように、一九三〇年夏には東京萬世橋署児童保護係巡査である面高叶が「ラヂオ体操の会」を始める。ここに、現在まで続く朝のラジオ体操の会が始まる。これは大々的になされ、江木理一アナウンサーまで指導にかり出された。[77]面高叶は後年、ふりかえって「夏休みで規律的緊張味を欠く児童に精神的と保健的の両方面に良い効果があるに違いない」[78]と考え計画したという。最初の時点では、「近所の町会や青年団に応援を求め」、参加者も百数十名という規模であったが、「八月二〇日頃には神田周辺の諸会場で約二千人が集まるようになったという」[79]。翌年より主催団体を増やし、三二年には全国規模となり、のべ参加人数も急増していく。三八年の時点では、「厚生省簡易保険院、逓信省、内務省、文部省、商工省、情報局、大政翼賛会、大日本産業報告会、日本放送協会、日本鉱山協会、大日本青少年団、大日本連合婦人会、大日本国防婦人会、愛国婦人会、帝国在郷軍人会、全日本体操連盟、生命保険会社協会…」[80]などが後援団体として名を連ねている。

面高叶が最初から意図したとは思えず、また黒田勇も「ラジオ体操そのものには国家的イデオロギーを直接表現する動作もなければ、考案時にはその意図もなかった」[81]としているが、ラジオ体操は、はからずも国家的なメディア・イベントとなっていく。ラジオの声に合わせるとはいえ、軍隊式の体操とは異なり服従意識を植え付けない、進んでやる気分になれる。高橋秀実のインタビューに答え、城丸章夫は、「ラジオ体操にはあらかじめ決まったストーリーがありますからね。次の動作もみんなわかっています。だから命令されるんじゃなくて、自分から進んでできる感じがするんです。だから楽しいんです。いい気持ちになっちゃうんです」[82]と答えている。音楽同様、学校・軍隊に閉じこめられていた体操が、ラジオにより社会に広まった喜びもあったのではないだろうか。[83]実際にはラジオ体操の名にもかかわらず、郵便局員のパンフレットによる勧誘やレコードなどのメディアにのってラジオ体操は普及するのだが[84]、みんなで集まって行われる朝のラジオ体操というイメージは抜きがたい。高橋秀実は「自由で平等な気分」と記す。それは「モダン」で「健全」で正統性を持つといった今まで検討してきた特徴にくわえ、同時に全国一斉になされるという「サイマルな体験」として広がっていったのだ。ラジオ体操に寄せられた感想文の中には、健康になったというものもやはり多いが[85]、この「サイマルな体験」を通した一体感を強調するものも多い。これが公私の入れ子構造をもとに成立する近代的な家族国家観を補完していったのだ。

ただこの光景は外部からは異様に映る。高橋秀実は一九三七年東京で開催された世界教育会議の際、「深川区石島小学校の訓導、小池充が接待員として各国代表を小中学校へ案内し、ラジオ体操を誇らしく披露した」おりのことを評し、「ファシズムの帝国からやってきたヒットラー・ユーゲントも我らのラジオ体操につられた。ラジオ体操はつる側に立てば「先生」である。「日本人の特殊性」がここでは「優秀性」になっている。おそらく各国代表は「我が国ではこんなことはしていない」「ここまではやっていない」と答えたのだろうが、興奮した小池には「羨ましがっている」ように映ったのであろう[*86]」と述べている。日本人が誇りにしてやまない精神性も、外部社会の眼には異様な熱狂にしか映らなかったのだろう。

クールなメディアがホットなエンスージアズムを引き起こすこともあるのだ。

2―7　結び

このようにラジオ体操とは、それを支える要素を考えてみるならば、どれひとつとってみても、さして決定的ではない。しかしそれらの諸要素・諸ベクトルがクロスしたところに、ちょうどよい大きさで蜃気楼よろしく成立した現象なのだ。そのために本章は、ラジオ体操という社会教育の隠されたカリキュラムをいくつかの角度から解明していくものとなった。

技術的には、ラジオというニューメディアの登場と急速な普及、それに引き続くメディア・イベント化、西洋音楽への渇望、歩き方を初めとして意識されたことではないが近代的身体観の変容〈農耕する身体〉、〈戦闘する身体〉、〈生産する身体〉。そしていまだ着地点を模索している〈生活する身体〉〉、社会的な就労構造の変化などが、偶然だけではないがねじれて絡まった糸のように重なり合うことによって、日本のラジオ体操は成立したのだ。

もし、これらの諸要素の中に欠けるものがあったとしたら、ラジオ体操そのものは成立したかもしれないが、現状のそれとはかなりかけ離れた物になっていた可能性は高い。

最後になるが、私がこのテーマを選んだのは、不登校の研究のため、不登校経験者を集めて会を主催していたとき、彼／彼女らのほとんどが異口同音に、あの夏のラジオ体操を嫌っていることを知ったためであった。反対に、当時私の講義を受講していた学生にアンケートをとってみると、さまざまではあるがそれほど嫌われてはいないのだ。なかには得意だと自慢する学生もいた。その落差が興味深かった。不登校児達には敏感に気付かれているのかもしれない近代性の逆説について、ラジオ体操に関する考察が手がかりになってくれるかもしれない。

■ラジオ略年表

1886	ヘルツ、電波の存在を実証。
1896	マルコーニ、無線電信実験に成功。
1900	フエッセッンデン、高周波発電式無線電話を発明。
1906	フエッセッンデン、世界初の音声通信に成功。
1907	ド・フォレスト、三極真空管を発明。
1908	ド・フォレスト、エッフェル塔からレコード音楽を放送し注目を浴びる。
1910	ニューヨーク・メトロポリタン歌劇場からオペラの中継放送を行う。
1920	ウェスティングハウス杜、ピッツバーグにＫＤＫＡ放送局を開局。
1922	フランス国営放送、イギリス放送会社、モスクワ放送局などが本放送を開始。上野で開催された平和記念東京博覧会でラジオ放送が初めて一般公開。レコードなどによる実験放送を流す。
1923	春　報知新聞が小唄や常磐津などを放送し上野の帝国発明品博覧会で受信。
	12 「放送用施設無線電話規則」制定
1925	3.1　社団法人東京放送局が愛宕山で仮放送を開始
	3.22　本放送開始　6.1　大阪放送局　7.15　名古屋放送局も開局
1926	8　日本放送協会設立。東京・大阪・名古屋の放送局が一本化
1954	12　アメリカ合衆国で世界初のトランジスタラジオ発売
1955	8　東京通信工業（現ソニー）がトランジスタラジオ発売

『日本大百科事典』小学館､『マイペディア』平凡社､渡辺裕『音楽機械劇場』新書館､吉見俊哉『「声」の資本主義』講談社メチエ、などより作成。

■ラジオ体操略年表

1922・23　文部省体育課長・北豊吉、ヨーロッパを訪れ各国の体育事情を視察。

1925　3.30　メトロポリタン社の体操始まる。

4.16　簡易保険局企画課長、進藤誠一、保険事業の研修のため渡米。

7.17　同監督課長、猪熊貞治、メトロポリタン生保を訪ね、『通信協会雑誌』でラジオ体操を紹介。

1928　5.24　ラジオ体操実施のための第 1 回委員会　…＊1

8.1 「少年少女夏期訓練」でラジオ電波にのった体操が放送される。

11.1　天皇即位式を祝い，定時番組としての「ラジオ体操」開始。

12　ラジオ体操のレコードができる。

1929　2.12　全国中継番組となる。

1930　夏　東京神田萬世橋署児童保護係の巡査、面高叶が「ラジオ体操の会」を始める。

1931　7.8 「ラジオ体操の歌」入賞発表。

7.21　東京府、東京市、簡易保険局、東京逓信局、東京中央放送局、在郷軍人会，青年団連合会、少年団が「ラジオ体操の会」主催（～ 8.31）350 万人が参加。

1932　4.10　尋常小学校唱歌の教科書にラジオ体操奨励の歌がのる

7.21　第 1 回ラジオ体操講習会開催、堀内敬三作曲「第二体操」放送開始。

「ラジオ体操の会」全国規模となる（のべ 2593 万人）…＊2

1933　のべ 4400 万人が参加。

8　鳩山一郎文相「ラジオ体操について」講演。

11.3　全日本体操連盟主催、文部省社会局、逓信省簡易保険局、保険会社協会、放送協会後援で明治節祝賀「ラジオ体操祭」開催

1934　4　学校向けラジオ体操の放送開始。

のべ 6247 万人が参加。

1935　のべ 7347 万人が参加。

1937　ラジオ体操実施期間が「国民心身鍛錬週間」と名づけられる。

のべ 1 億 2710 万人が参加。

1938　のべ 1 億 4730 万人が参加。

11.1 「全国ラジオ体操の会」が結成。

1939　9.12　大日本国民体操の制定。

12.1　大日本国民体操をラジオ体操第三として放送開始。

1940　8.1　橿原神宮で紀元二千六百年奉祝「全国ラジオ体操大会」。

1945　8.15 ～ 8.22 「ラジオ体操」の放送中止。

1946　4.13　第二期ラジオ体操の放送始まる。

1947　7　第二放送にうつる。

9.1　ラジオ体操放送中止。

1950　11　国民保険体操制定委員会ができる。

1951　3　原案完成（作曲　服部正）。

5.5　神田の共立講堂で発表会。

5.6　現行のラジオ体操第一の放送始まる。

1952　6　現行のラジオ体操第二の放送始まる。

名古屋市で「ラジオ体操連盟」結成。

1953　4　各地から全国に向けての中継始まる。

ラジオ体操コンクール始まる。

1956　簡易保険 40 周年記念事業として，ラジオ体操の表彰が始まる。

1999　10.9 「みんなの体操」発表。翌日より放送も始まる。

＊1　委員は文部省所轄体育研究技師・大谷武一、東京高等師範学校助教授・森悌次郎、東京府視学・森秀、東京市視学・森本光清、東京女子高等師範学校助教授・三浦ヒロ、国民体操研究所所長・松元稲穂。

＊2　参加者はラジオ体操実施期間ののべ参加人数。

大修館『スポーツ大辞典』、黒田勇「ラヂオ体操と身体の近代化 (1)、(2)」大阪経済大学論集、黒田勇「ラジオ体操と健康キャンペーン」津金澤聰廣編『近代日本のメディア・イベント』同文館出版、高橋秀実『すばらしきラジオ体操』小学館、などより作成。

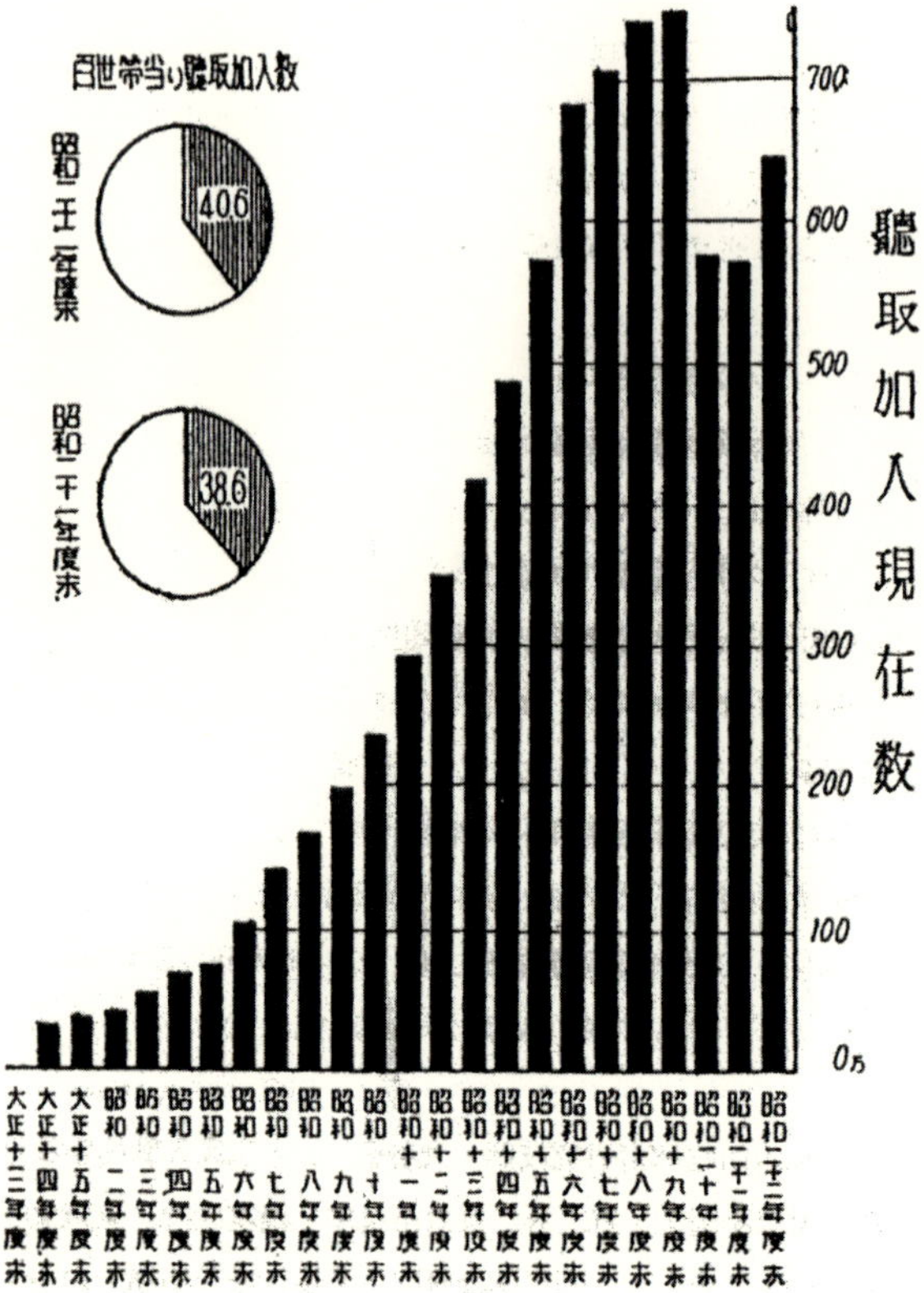

■聴取加入現在数グラフ（「ラジオ年鑑」一九五三年より）

■注

＊1　第一と第二をあわせた場合には六分二六秒になる。

＊2　高橋秀実『素晴らしきラジオ体操』一九九八年、小学館、三五頁。

＊3　高橋秀実、前掲書、六六頁。

＊4　この段の記述は、高橋秀実、前掲書、『スポーツ大事典』大修館、黒田勇「ラジオ体操と健康キャンペーン」津金澤聰廣編『近代日本のメディア・イベント』同文館出版、一九九六年、黒田勇「ラジオ体操と身体の近代化（1）（2）」『大阪経済大論集』第四九巻三・四号および黒田勇『ラジオ体操の誕生』青弓社、一九九九年による。

＊5　高橋秀実、前掲書、四三〜四五頁。

＊6　黒田勇「ラジオ体操と身体の近代化（1）」『大阪経済大論集』第四九巻三号

＊7　高橋秀実、前掲書、七一頁。この星取表と三〇銭を国民体操研究所に送ると「健康同盟記念章」がもらえ、「健康同盟」の会員になれる。高橋はさらにこの系譜を高木兼寛男爵や神道の禊にまで遡って考察しているが、ここでは当時の現状をおさえるためだけなのでこれにとどめる。ラジオ体操会場の家元制度化などを理解するにはこういったアプローチも必要なのだろうが。

＊8　黒田勇、「ラジオ体操と健康キャンペーン」、九六頁。

＊9　『スポーツ大事典』大修館

＊10　高橋秀実、前掲書、一四九頁および『スポーツ大事典』

＊11　この段落の記述は、高橋秀実、前掲書および『スポーツ大事典』による

＊12　高橋秀実、前掲書、一八二頁。

＊13　前掲書、一八三頁。高橋秀実がいう「ラジオ体操人」とはラジオ体操を日課として欠かさず行う人のことである。

＊14　前掲書、一八四〜一八五頁。
＊15　前掲書、一八五頁。
＊16　前掲書、一八七頁。
＊17　前掲書、一九一頁。ちなみに、遠山はラジオ体操をしないという。その理由は「いいか。あれは指導者のいない人がやる体操なんだぞ。私は指導者だぞ。」同書、一九六頁。
＊18　田中聡、『健康法と癒しの社会史』青弓社、一九九六年、一九頁。
＊19　前掲書、二〇頁。
＊20　前掲書、二一〜二二頁。
＊21　黒田勇、「ラジオ体操と健康キャンペーン」、一〇一頁。
＊22　黒田勇、前掲論文、一〇二頁。
＊23　M・フーコー、田村俶訳『監獄の誕生―監視と処罰』新潮社、一九七七年、一五六頁。
＊24　真木悠介、『時間の比較社会学』岩波書店、一九八一年、二六八頁。
＊25　前掲書、二七〇頁。
＊26　前掲書、二七〇〜二七一頁。
＊27　前掲書、二七一〜二七二頁。
＊28　黒田勇、前掲論文、一〇三〜一〇四頁。
＊29　前掲論文、一〇四頁。
＊30　E・T・ホール、岩田慶治・谷泰訳『新装版　文化をこえて』TBSブリタニカ、一九九三年、二八〜三六頁。

＊31 武智鉄二『歌舞伎とはどんな演劇か』筑摩書房、一九八六年
＊32 野村雅一、『身振りとしぐさの人類学』中公新書、一九九六年、一八頁。
＊33 前掲書、二二頁。
＊34 前掲書、一七頁〜一八頁。
＊35 武智鉄二、『舞踊の芸　日本の芸シリーズ』東京書籍、一九八五年、二七二頁。
＊36 前掲書、二七三頁。ではなぜ武士は行軍できたのかというと、腰をためる彼ら独自の歩行法を身につけていたためである。またここで論じるべきことではないかもしれないが、私の手許にある年表などにも平気で西南戦争の注として「徴兵制度の士族軍隊に対する優位性を立証」などと解説があるのは、いかがなものであろうか。
＊37 高橋秀実、前掲書、一二六頁。もちろんここでいう、「自発性」や「自主性」が表面的なものであるかどうかなどは問わない。しかし、少なくともそう思えねばならないのだ。
＊38 ベンヤミン自身は、この事態を指してアウラの消失と述べている。
＊39 A・ミラード、橋本毅彦訳、『エジソン発明会社の没落』朝日新聞社、一九九八年、七七〜一〇七頁、二六三〜二六四頁。
＊40 吉見俊哉、『「声」の資本主義』、講談社メチエ四八、一九九五年、六頁
＊41 前掲書、八頁。
＊42 渡辺裕も『音楽機械劇場』、新書館、一九九七年、二〇七〜二一〇頁。で「音分裂症の時代」について考察している。
＊43 前掲書、一八六頁。
＊44 朝倉喬司、「歌の〝解体〟とカラオケ」、芹沢俊介編、『消費資本主義論』(新曜社) 所収、二三七頁〜二四八頁。
＊45 渡辺裕、前掲書、八一〜八二頁。

＊46　B・アンダーソン、白石隆・白石さや訳『想像の共同体』リブロポート、一九八七年、八〇頁。
＊47　ハルオ・シラネ「カリキュラムの歴史的変遷と競合するカノン」ハルオ・シラネ&鈴木登美編『創造された古典』新曜社、一九九九年、四一五〜四三三頁。
＊48　同、四二一頁。
＊49　細川周平、「近代日本音楽史・見取り図」、『現代詩手帳』一九九八年五月号。前節でもみたように音楽取調掛の設置は体育取調掛に続くものであり、身体のあり方と切り離せない重要な問題である。
＊50　大熊亘、「民謡という名のモダニズム」、『國文學』一九九九年一一月号、五五頁。
＊51　同、五四頁。
＊52　同、五五頁。
＊53　同、五六頁。
＊54　同、五三頁。
＊55　同、五六頁。大熊亘はシカラムータ、ソウル・フラワー・モノノケ・サミットでチンドンの演奏をするミュージシャンである。ただし、ここでいう、また大熊亘が言うチンドンは先の『マイペディア99』の定義とは異なり、「ジンタ」をも含むものである。
＊56　同、五三頁にて大熊亘は「クラシック」という言葉について、それを「主に「ヨーロッパ古典音楽」のみに限定して怪しまず、またそういう名の巨大なマーケットを有する「日本人」の日常的な、じつに不思議な風景」と記しているが、正確には「西洋古典近代音楽」であろう。また classic の語源である class が「分類する、等級［品等］を定める、組分けをする」という意味を持ち「the classes and the masses 上流階級と一般大衆」（以上、研究社『リーダーズ英和辞典』による）という語法があることを考えれば、「（中流）階級音楽」という訳が適しているとも考えられる。

＊57 瓦版売り。世間の出来事を速報した印刷物を内容を読み聞かせながら売り歩いた。流行歌を歌いながら売ったりもした。

＊58 ソウル・フラワー・モノノケ・サミット、CD『アジールチンドン』曲解説より。中川敬は、大熊亘とともにソウル・フラワー・モノノケ・サミットのリーダー。

＊59 蓄音機に関しては、吉見俊哉、前掲書、第二章「声を複製する文化」に詳しい記述がある。

＊60 前掲『スポーツ大事典』による。なお「以後十年間、江木は一日も休まず、ラジオ体操の放送を続けた」という記述がここに続く。

＊61 ここでいう「モダン」という語は、原義の「近代」をさすだけではない。「ジンタ」以来の欧米へのあこがれ、そして「モガ・モボ」と略されたときに指示される一九二〇年代の「モダン」というインプリケーションである。モガの出現は一九二七年。

＊62 吉見俊哉、前掲書、一七二頁。

＊63 同、一七四頁。

＊64 同、一七五頁。

＊65 同、一七五～一七六頁。

＊66 同、一七六頁。

＊67 『放送五〇年史』日本放送協会、一九七七年

＊68 高橋秀実、前掲書、六四頁

＊69 同、六四～六五頁。

＊70 高橋秀実、前掲書、六五頁。

＊71 吉見俊哉、前掲書、二〇七頁。

＊72 その普及があったからこそ、敗戦の玉音放送も可能であった。

＊73　永井荷風『断腸亭日乗・三』岩波書店、一九八〇年、一六四頁。
＊74　最初期には「さぐり式鉱石受信機」といわれる、増幅をともなわずヘッドフォンを耳に付けて聴くものが多かったが、スーパーヘテロダイン方式の真空管ラジオにすぐに取ってかわられる。ちなみにこのさぐり式鉱石受信機では「体操するとコードが絡まる」と高橋秀実も前掲書四七頁で指摘している。
＊75　年表にも記したように乾電池で作動するポータブルなトランジスタラジオが登場するのは、一九五〇年代も半ばである。
＊76　黒田勇、「ラジオ体操と健康キャンペーン」、一九三頁。
＊77　『スポーツ大事典』より。
＊78　面高叶、「ラジオ体操の会を作った頃」、『放送』六巻一〇号、一九三六年、三九〜四二頁。
＊79　黒田勇、「ラジオ体操と身体の近代化（2）」、大阪経済大論集、第四九巻四号、二八二頁。
＊80　高橋秀実、前掲書、一五一〜一五二頁。
＊81　黒田勇、前掲論文、二八四頁。
＊82　高橋秀実、前掲書一二五頁。回答者は一九一七年生まれの元千葉大教授。東京帝大卒後、ラジオ体操指導の経験を持つ。
＊83　ただし体操は音楽ほどには限定されておらず、職場等でもすでに行われていた。
＊84　黒田勇は、「一九二八年のラジオ受信機普及は五〇万台程度であり、（中略）「国民的」事業とするにはまだ不十分」と指摘している。前掲「ラジオ体操と健康キャンペーン」、九八頁。
＊85　そのほかに、ラジオ体操であればこそ、「自由」に人前で大胆な姿勢で体操ができるという女性達の意見が挙げられる。
＊86　高橋秀実、前掲書、一四七〜一四八頁。蛇足だが、つる側の「先生」、小学校の先生は左右反対にラジオ体操を演じる。身体性の問題もあり、これがなかなかむずかしい。

■参考文献

黒田勇「ラジオ体操と健康キャンペーン」津金澤聰廣編『近代日本のメディア・イベント』同文館出版、一九九六年
黒田勇『ラジオ体操の誕生』青弓社、一九九九年
高橋秀実『素晴らしきラジオ体操』小学館、一九九八年
吉見俊哉『「声」の資本主義』講談社メチエ、一九九五年
『ラジオ年鑑』日本放送出版協会

第三章

フリーターと「社会的ひきこもり」

タイトルは最近の青年が抱えている問題のようではあるが、それを個人レベルで解決したり支援したりする技法を記すのが本章のねらいではない。ここではこれらがなぜ社会的な問題としてとりあげられるのかを問う。内面的自己実現と社会的〈自己実現〉という概念を手がかりにしながら、こういった若者たちが抱える困難さの位置を整理し、その上で、それらを社会的にいかに引き受けていけるかを考察してみたい。

3―1　自己実現について

近代の自由な社会においては自己実現は非常に大切なものであり、一方で困難なことでもある。しかし、自己実現とは何なのか？　内面的な精神の充実か、あるいは社会的成功か、その両方か？

ここでは、アイデンティティを確立し、自己の内面的世界を十全に生きることを内面的自己実現としたい。このアイデンティティという概念を提議したエリク・エリクソンのepigenetic theory（漸成説）をまず検討したい。（『玩具と理性』近藤邦夫訳、みすず書房、一九八一年、参照。）まだ確たる社会的立場を得ていない青年期に、自分はいかに生きていくべきか、何者なのかというpsycho-social（心理・社会的）な危機をいだく時期、すなわちモラトリアムを十全に体験した後に初めて達成されるのがアイデンティティである。エリクソンの言うモラトリアムとは、巷間いわれるようにふらふらしている時期を指すものではなく、自己を確立するためにさまざまな試みや思索にふける完全に自由な期間のことである。このモラトリアムの期間に、誰もが「社会的ひきこもり」になるわけではないが、状態像のひとつとして、「社会的ひきこもり」があってもなんらおかしくない。この概念の提唱者であるエリクソン自身、二〇代には画家になろうとしてヨーロッパ中を放浪している。そして、最後にたどり着いたところが、ウィーンのフロイト学派であったのだ。その後、彼はナチスの迫害をおそれ（義父母がユダヤ人であった）、アメリカへと渡り、そこで人生を八つの段階に位置づけるepigenetic theoryを提唱するにいたったのだ。それゆえ、エリクソン自身はモラトリアム期を非常に大切なライフサイクルの一時期と考え、人生を無駄に浪費しているなどとは決して見なしていない。そして、epigenetic theoryでは、何歳から何歳までがこの期間に当たるというような暦年齢による決定論をさけている。この点を押さえておきたい。

エリクソンが想定したこのモラトリアムは中途半端なものではない。さまざまな試行錯誤を、かなり長期間にわたって自由に試す期間である。それは簡単なものではないし、期間に追われるようなものでもない。自分が何者であるか、徹底的に追及する期間なのである。彼自身が長期にわたり経験したた現実的な、また内面的な放浪などをも許すのがモラトリアムなのである。

これと比べると、巷間言われるのとは逆に、現在の青年たちのモラトリアムは全く不完全なものである。進学、就職に追われる青年たちの現状はいわば閉塞したモラトリアムである。大学生などは、モラトリアムを享受しているではないかと指摘する人もいるかもしれないが、年限があらかじめ決められ、しかも就職活動に追われるような状態は、閉塞したモラトリアムとしかみなしえない。あえて本当にモラトリアムを享受していた例を挙げるならば、戦前の旧制高等学校の学生であろう。それは同年齢のうち、ごく限られた数パーセントの青年に過ぎない。高等教育が大衆化するのと反比例するように、完全なモラトリアムは閉塞したそれへと形を変えていったのである。モラトリアムが「社会的ひきこもり」につながるというのは全くの逆説なのだ。

もちろん、そういったモラトリアムを享受できるのは近代的なライフスタイルではないかと問われれば、確かにそうである。前近代社会においては煉瓦積み職人の子どもは煉瓦積み職人に、農民の子は農民に、僧侶の子は僧侶に、医師の子は医師になるように、生まれ落ちた共同体の中においてあらかじめ決められている。自分が親とは違った別の何かになろうと考えたり、思い悩んだりすること自体を前近代的共同体は暗黙裡に禁止している。また青年期という期間を（子ども期も同様なのだが）、前近代社会は認めていない。よく引用される夏目漱石の小説の主人公、たとえば『虞美人草』の甲野欽吾、『それから』の永井代助、『彼岸過迄』の須永市蔵などは、まさしく明治国家が生み出した近代人なのだ。それ以前の時代に、このような「高等遊民」とよばれる人生を送る人間はいない。かわりにあったのは、共同体の成員の一員として認められる—日本においては元服などの—イニシエーション（通過儀礼）であった。数年の徒弟修行の後に「一人前」として扱われることもあった。このイニシエーションを問うていくと文化人類学的には死と再生など豊かな問題を含んでいるのだが、ここでは青年期が不在であったことを確認しておくにとどめよう。

またこの青年期は一国の社会の若者に等しくあたえられるわけではない。地域や階級、貧富の差などによってさまざまな現れ方をする。それゆえ、都市部で青年期を謳歌する青年に対し、農村部にとどまる（田山花袋の小説名でもあるが）「田舎青年」という言葉が、あらわれるのだ。

現在において、このイニシエーションや徒弟期間に取って代わったのが、長期間に及ぶ学校での生活である。日本社会では最低九年、九〇パーセントを超える高校進学率を考え合わせると一二年、さらに大学などの高等教育機関に半数以上の若者が通う。しかも、ただ年齢の上方に教育期間がのびただけでなく、幼稚園・保育園のように下方にも教育期間がのび、二〇年近く学校へ通う人も珍しくなくなっている。しかも、戦前のような複線型（あるいは分岐型）教育システムであれば、中等教育機関に入学する時点で、自己の将来の職業を含めた生活像が、ある程度想像できる。反対に、戦後の教育改革によって成し遂げられた単線型学校システムにおいては、中等教育終了（高等学校卒業程度）まで、いったい自分が将来どのような職業に就き、どのような生活をおくるようになるのかなかなか想像しがたい。逆に、義務教育期間だけ、いいかえれば中学校卒業だけで学歴を終えることは、宮大工や力士のようなかぎられた世界で成功を収める場合は別だが、経済的な面を主として社会階層の下位に位置づけられることにつながりやすい。せめて高校卒業まではという意識は「不登校」問題と密接に結びついている。これを学校卒業、即、正規社員というところまで拡大すれば、フリーターを問題視する意識ともリンクしてくることになる。ニートについては六章で考察することとして、「社会的ひきこもり」もフリーターもともに、近代社会の枠組みの中で起きてくる自己実現の問題、アイデンティティの確立の問題と深く関連していることを押さえておきたい。蛇足ではあるが、私は戦前の複線型教育への回帰を支持するものではないし、またフリーターを人生の truancy（怠け）と断定しているものでもない。

3―2 「社会的ひきこもり」概念の再検討

「社会的ひきこもり」と言うが、いったいなにをさしてひきこもりと言っているのだろうか。近年では減ったようだが、若者たちの間では定義の曖昧な日常用語として、「ヒッキー」なる言葉も使われている。とりあえずは、厚生労働省の『「ひきこもり」対応ガイドライン（最終版）の作成・通知について』を示しておこう。まずは冒頭に、長期化したひきこもりについて、「さまざまな要因によって社会的な参加の場面がせばまり、就労や就学などの自宅以外での生活の場が長期にわたって失われている状態のことをさします」と定義し、「社会的ひきこもり」も含めて「ひきこもり」という状態は、「長期間にわたって生活上の選択肢が狭められた、精神的健康の問題と、とらえられます」としている。これは、「社会的ひきこもり」だけでなく、「狭義の精神疾患を有するために生じる「ひきこもり」状態」をも含めた広い意味での定義である。これは斎藤環が『社会的ひきこもり』（ＰＨＰ新書、一九九八年）で定義した「二〇代後半までに問題化し、六ヶ月以上、自宅にひきこもって社会参加しない状態が持続しており、ほかの精神障害がその第一の原因とはかんがえにくいもの」（同書、二五頁）をベースとしながら定義されたものである。そしてガイドランも「精神保健福祉の領域に属するものである」としている。

引用が長くなったが、「社会的ひきこもり」とは、精神疾患ではないが、精神保健福祉の領域に属するものということである。再び引用するならば、これは斎藤の同書一八二頁の以下の見解に呼応している。それは、「最初の段階から家族だけでも専門の治療機関に相談することが必要です。私がここで治療機関と称しているのは、ほぼ精神科医によるものにかぎられています。（中略）ただし、臨床心理士による外来カウンセリングと心療内科医による治療については「有効なものもありうる」という、やや控えめな評価になります。また、次の諸施設はあらかじめ有害なものとして除外されています。すなわち、医師の関与しない民間収容施設（後略）」というものである。その要点をかいつまんでいえば次の通りになる。不登校にもかなりあてはまることだが、「社会的ひきこもり」は、病気ではないが、精神保健福祉の対象であり、精神科医の対応が必要だということだ。この問題については詳しくは拙稿「近代市民社会と精神医療の共犯関係―幻のブレイン・ポリスは誰だ！」（高木俊介編『ひきこもり』批評社、メンタルヘルス・ライブラリー7、二〇〇二年、所収）を参照して頂きたいが、何点か検討を加えてみたい。

まず、「二〇代後半まで」というが、「社会的ひきこもり」は暦年齢において想定される「発達」の問題であろうか。まず、中高年をわざわざ除外する積極的な意味はあるのだろうか。初めから射程外としている感が否めない。またエリクソンは、ライフサイクル論において、機械的に暦年齢で段階を分けることを避けた。その後続者たちの研究成果として閉塞しながらも長期化する傾向にあるといわれている「モラトリアム心性」だが、このように歴年齢で規定してしまうことに積極的意義があるのだろうか。

そして、「六ヶ月以上」については、「ＤＳＭ－Ⅳ（アメリカ精神医学会編：精神疾患の分類と診断の手引き第四版）などに用いられる、精神症状の持続期間としての、ひとつの単位」で「これより短期間にした場合、周囲の家族などの過剰反応をよんでしまう可能性」があり、「逆に六ヶ月より長い期間、例えば一年を目安とすると、今度は対応が遅れて」しまうためとしている。ＤＳＭの診断基準そのものの根本的な問題性は、例えば『精神疾患はつくられる―ＤＳＭ診断の罠』（ハーブ・カンチス、スチュワート・Ａ・カーク、日本評論社、二〇〇二年）で詳しい考察がなされているが、ここではなぜ六ヶ月なのかに絞って考えてみたい。斎藤も自ら記しているように、「比較的短期間のひきこもり状態が、休養のために必要とされる場合も、決して少なくありません。私もその場合は、治療へとせき立てたりするよりも、ゆっくり休ませてあげることが望ましいと思います」としてやみくもに早期発見早期治療を主張しているわけではない。この部分に異論はない。しかし、「一年を目安とすると、今度は対応が遅れてしま」うというのは、どうだろうか。子どもがおとなになっていく過程において、さまざまな行きつ戻りつがあるというのは、エリクソンの漸成説にもあたれば、日本の精神科医である笠原嘉が『青年期』（中公新書、一九七七年）で提唱しているところでもある。エリクソンはまっすぐではないその揺れに着眼して、モラトリアムという概念を提唱したのだろう。エリクソン自身はこの期間がいったいいつからいつまでと断定することを避けている。エリクソンは、心理・社会的な危機をひとつひとつ内発的に越えていくのがライフサイクルであり、機械的に暦年齢で峻別できるものではないと考えているからであろう。また社会的ひきこもりではないが、小杉礼子によればフリーター生活の長期化の分岐点が一年であることを調査により示している。このような統計的調査を斎藤は示していない。

また、この漸成説に基づいて、マーシアは青年のアイデンティティの状態を「アイデンティティ達成」「モラトリアム」「早期完了」「アイデンティティ拡散」という四つの類型にわけて、その期間や時期をおおよそにでもつかもうとしたが、「閉塞したモラトリアム」は長期化する傾向にあり、断定しがたいというのが現状である。そしてアイデンティティ確立の葛藤がない「早期完了型」が「社会的ひきこもり」を起こさないのはなんとも逆説的である。

斎藤も部分的にはそれを認めて、短期間のひきこもりを除外したのであろう。しかし、斎藤が他の論者と異なるのは、六ヶ月という明白なラインをばっさり引いてしまっているところである。臨床家で数百例をもみているならば、人によってこの期間に長短があり、あらわれ方もさまざまであることはよく身にしみて了解しているはずだと思うのだが。

それではこの六ヶ月というラインは、何故に引かれるのだろうか。私なりに推測してみたい。そもそも「病気」でもないのにDSM-Ⅳ(しかもこれは、アメリカ合衆国の診断基準であり、他社会においては社会的・文化的背景に留意することが明記されている)にモデルを求めるのもおかしいのだが、臨床家であるならば期間ではなく引きこもっている当人の内発的な要因を挙げるだろう。それにつづいて、ひきこもっている本人が、外見的にはこれこれこういった状態を示したときと記述するだろう。また確かに数字で六ヶ月と明示されるとわかりやすいが、モラトリアム概念を参照するならばそれはあまりにも短いし、ひきこもっている本人のなかで何が起こっているのかを抜きにして定義してしまうことに疑問を覚える。精神的な休養は六ヶ月で誰もが充分と言えるのだろうか。もし六ヶ月という期間にこだわるならば、根拠となる調査統計を明示する必要があるだろう。

少し穿った見方をしてみると、実はこれは外在的、すなわち社会的な要因が入り込んでいるのではないかと思われてくる。「社会的ひきこもり」は、二〇代後半までとされているので、中にはすでに就職している人もいるだろうが、大学を含む学校に在籍している割合が高いと推測できる。その場合、二〜三ヶ月であるならば、たしかに留年・落第もせず、もとの学校・学年へ戻れる可能性が高い。だが、これが、六ヶ月を超え、一年にもなると留年・落第ということにつながりかねない。もちろん、引きこもっている当人にとって、留年・落第が二次的・社会的な障害となり、精神的にダメージを受ける可能性も否定できない。就職難の時代となると、これらはひきこもりでない人にとっても、精神的ダメージは大きい（もっとも斎藤の示しているデータは一九八三年から八八年とバブル期に重なる時代のデータであるが）。しかし確率的に高いからといってそれを定義に入れてしまうのは間違いではないだろうか。純粋に内発的な問題としての「社会的ひきこもり」を定義するのに、学校復帰・就職などの社会的〈自己実現〉（ささやかな社会的成功ともいえよう、もっともその基準が再び問題となってくるが）といった外在的・社会的要因をもって定義するのは誤りであろう。

3—3　ひきこもりのプロセス

エリクソンのepigenetic theoryでは、モラトリアムの一形態としてとらえられる「社会的ひきこもり」だが、モラトリアム期にだれもが外部から確認できるような「社会的ひきこもり」を経験するわけではない。そこで、芹沢俊介の考察をもとに「社会的ひきこもり」はどういうプロセスを経るのかに焦点を当てて考えてみたい。

芹沢は、古い自己の死と再生という観点から、ひきこもりを三つのプロセスに分けて考察している。簡単に要約してみると、往路→滞在期→帰路というプロセスである。まず往路は、社会関係や自分の中にそれまでに埋め込まれてしまった社会的自己から撤退する時期である。本当にこうありたいという内的自己と、社会がこうあるべきだと命令する社会的自己の葛藤の始まりでもある。自分を見つめ直しはじめる時期だといってもよいだろう。不登校の場合もよく似た反応が示されることがままあるが、この時期、異変に気づいた周囲の親や教師、あるいは医師から、はやく元の状態に戻るようにせかす言葉がかけられがちである。もちろん心配で周囲はそういう言葉をかけるのだろうが、この往路においてはまだ内的葛藤は充分に解決されてはおらず、自分の状態をうまく言語化することもうまくできない。そのままもとの状態に戻ることはありえないといってもいいのではないだろうか。それどころか、おとな達からのそういう言葉は、それが善意に基づいたものであっても（おそらくほとんどの場合そうなのだろう）、引きこもっている当人にとっては、それは「社会的自己が命じることに従え」という命令に聞こえてしまいがちである。また周囲も最初は励まし、心配を前面に出した言葉であっても、徐々に脅かしに近い言葉になりがちである。それは、不登校児に対して、最初は「学校は悪いところではない、楽しいところだよ」と言っていても、やがて「他の子は我慢しているのになぜ、おまえだけは学校へ行かないんだ」という、（善意に基づいていたとしても）脅迫めいた言葉になりがちなのとよく似た現象であろう。それをして芹沢は自己関係からの撤退といい、「ひきこもりの往路に入っていることがわかったならば、親は自分の社会的価値観、社会的規範を取り下げる必要がある」と記している。さらに本人にとっては、親や教師という外部からの声は遮断することができても、内面化されてしまった社会的自己から逃げ出したり、打ち克ったりすることは大変なことであると述べている。ここからも、「早期発見早期治療」という方針があてはまらないことがあることが理解できるだろう。

続いて滞在期には、周囲は「待つ」ことが必要であると芹沢は記している。この「待つ」ということはきわめて重要なことであり、たいへんな忍耐を必要とする。いつになればこの滞在期が終わるかというめどもなく、自己領域の中にひきこもっている当人が充分に内的葛藤に打ち克つまで、こころ休まる時期として保護を提供することが必要だからだ。しかも、周囲は当人の存在そのものを受け止めていかなければならない。その中で家族関係も変容し、新たな内的自己が当人の中に生まれていくのである。「社会的ひきこもり」というあらわれ方─「社会的ひきこもり」は内面的自己の外へのあらわれ方のひとつの状態像にすぎない─をするかどうかは別として、おとなになっていく過程においてこのような内面的な彷徨には充分な保証が必要となるのだ。

これに関しては、精神科医の石川憲彦が興味深い発言をしている。

むしろ「しっかり不登校してくれればよかったのに」と思うことがあります。（中略）もっと早い時期に自分の世界にひきこもればよかったのにと思う。（中略）とりあえず大学に入ったとか、ずっとおとなの価値にあわせて生きている。ひきこもることが持つ社会的病理もあると思うけれども、逆にポジティヴな意味もあるし、ひきこもりをどれくらいの年代で考えていけるかというのは、社会の容量もあると思う。（高岡健編著『孤立を恐れるな！』批評社、二〇〇一年）

つまり「社会的ひきこもり」は内面的自己実現を達成していくための、アイデンティティを確立していくための重要な過程であると位置づけられるのではないか。そのためには、安心で安全な場所、こころから休めるところが必要であり、条件付きではなく存在そのものを肯定され受けとめられることが求められる。そして家族などの周囲は、この「待つ」という行為の中で、外面的にはなかなか見えにくいことかもしれないが、ひきこもっている本人の内面的な声を聞く力を持たなければならない。これは不安や焦燥にかられる周囲にとっては、重いことである。しかしそれでもこの「待つ」という行為によって、先にも記したように周りのおとな自身も自分のあり方を見つめ直し、お互いの関係を変容させていくことになるだろう。

逆に、何ヶ月たったら相談所へ、あるいは精神神経科へという対応の仕方は、十全な滞在期を保証することにはならない。ケースによってその期間はさまざまだからだ。不適切な関わりはかえって二次障害を生む可能性を孕む。たとえば芹沢も交えた座談会で、精神科医である高木俊介は「私自身の経験でも、精神科医やカウンセラーに出会うことで傷ついて、そこから引きこもっていった方というのは多いですね。非常に不安を感じますのは「ひきこもり」の支援システムを作ろうというときに、（中略）近代主義的であり効率を求めますし、またそのシステムをつくろうと先頭に立つ人というのもそういう価値観になりやすいから、そこにすごい機械的な「ひきこもり」処理工場というものができてくるような、そんな不安も抱く」（『ひきこもり』批評社、メンタルヘルス・ライブラリ7、二〇〇二年）と述べている。この不安は「不登校」にも当てはまることだ。

本来、ひきこもっている当人それぞれによって、この滞在期の期間は異なるはずだ。それはエリクソンがモラトリアムを何歳から何歳までのどれだけの期間というように規定しなかったこと通底していることであろう。そして、いつまで待てばよいかという問いかけに対して芹沢は、映画『モンタナの風に抱かれて』を引き合いに出しながら（もっともこの場合ひきこもっているのは人間ではなく馬なのだが）、「それは引きこもっている本人が決めること」と答える。内面的自己実現を実現していくために安心で安全な場所で十全な期間を過ごせば、何年何ヶ月とは線引きできないが、やがて帰路に向かっていくということであろう。反対にそれが保証されない場合、悲劇的な結果を生むケースも芹沢はあげている。エリクソンならば、アイデンティティ・ディフージョンというところであろう。

このように「十分に繭の中にこもることができたとき、そのあとに「自分は自分でいいのだ」という自己肯定感にたどりつくことができる」と芹沢は続ける。それは「古い自分の死とともに新しい自分の誕生を演出する」ことである。内面的自己が確立されはじめ、社会的自己に振り回されることがなくなることを意味するものであろう。中国の十牛図にも似た過程があり、それをして芹沢はひきこもりの帰路という。

しかし、その帰路についても平坦なものでないことを芹沢は二点あげて記している。第一に疲労、そして第二にフリーターという位置を選ばざるえないこと。一については「この点については心配無用です。疲労度とその回復力は帰路の過程を進むうちに体力がついて変わってきます」と楽観視している。それに対して、二については、「フリーターという状況を一気に変えていくことはむずかしいでしょうが、引きこもり体験のない同世代の人より、よほど粘りがあるというのが引きこもりに対する評価になりつつあることは、ぜひ強調しておきたいと思います」とコメントしている。この点については後に私なりの検討を加えたいと思う。

以上、主として芹沢の言うひきこもりのプロセスにそいながら検討を加えてみたが、ひきこもりはおとなになっていく過程のあり方のひとつの外形的あらわれであり、内面的自己実現への道筋と考えることができる、ということになろう。そしてそれが充分に達成されるには、存在そのものを全的に受け入れてくれる安全で安心できる環境が必要だということになろう。

3―4　内面的自己実現と社会的〈自己実現〉について

ここまで、「社会的ひきこもり」を軸としながら、内面的自己実現について考察してきた。前節ではあげなかったが、ひきこもりの帰路にある人たちが、仕事先を頻繁に変えることがあると芹沢も認めている。

「社会的ひきこもり」については、まだその実数すらも調査中であり（二〇一〇年の内閣府調では約六〇万人とされているが、異論もある）、「社会的ひきこもり」を経た人がどうなっているかという実態については、いまだ長期にわたる大規模な調査はない。また「社会的ひきこもり」を経験した青年が内面的に自己実現に向かっているとしても、それが社会的〈自己実現〉、いいかえれば社会的に安定した成功をつかんでいるかどうかは、フリーター問題に見られるようにまた別次元の問題である。あくまで、傍証にしかならないが、不登校生徒の五年後の追跡調査をした『不登校に関する実態調査　平成五年度不登校生徒追跡調査報告書　二〇〇一年八月』（森田洋司編著『不登校―その後』教育開発研究所、二〇〇三年、付録CD-ROM収録）によれば、不登校生徒のその後のキャリア形成についての社会統計調査をみれば、中卒時の進路選択（正社員としての就職、パートタイムとしての就職、進学、どちらもせずなど）が、その後のキャリアと深い相関関係を示していることがわかる。このなかには、もちろん「社会的ひきこもり」経験者も含まれている（調査の目的が違うので「社会的ひきこもり」だけを抽出したデータはないのだが）。ただし、ある時点のひとつのステップ・分岐が、次の段階のそれに大きく影響を与えているという傾向が、社会的〈自己実現〉においては顕著にあらわれている。調査の主目的は、不登校を経験した生徒の五年後の状況であるが、不登校経験者の中でもより社会的差別を受けやすく、進学時や就職時に不利な分岐・選択肢を選ばざるえない傾向の強い「社会的ひきこもり」を経験したものは、その先においてもよりきびしい状態にたたされていることは想像に難くない。当事者自体が、内面的自己実現へと向かっていたとしても、それを受け入れる社会はきびしいものがある。この調査によって年間三〇日程度の不登校者ですら、社会的居場所を獲得するのに苦労をしていることがわかるだけに、六ヶ月以上とされる「社会的ひきこもり」経験者の苦労はなおいっそうのものだろうと推察される。
芹沢が「引きこもり体験のない同世代の人より、よほど粘りがあるというのが引きこもりに対する評価になりつつあることは、ぜひ強調しておきたい」というのも理解できないことではないが、現実には、「社会的ひきこもり」経験者は社会的差別を受けやすいということは想像に難くない。それゆえに粘り強くならざるをえない面もあるのかもしれないが。

そしてこの内面的自己実現と社会的〈自己実現〉が無関係ではないことも容易に想像される。たとえば「社会的ひきこもり」経験者も、その帰路において社会的居場所を得ることにより、内面的自己実現への道筋を確信を持って進んでいけることもあるだろう。その反対に、社会において、（不登校や「社会的ひきこもり」経験者にかぎらず）確たる社会的な居場所を占めえない（例えば、大学を卒業しても就職口がなく、フリーターやパート労働者に、不本意ながらならざるをえないケースなど）場合、内面的自己実現を目指す道に動揺を来たすこともあろう。社会的〈自己実現〉を達成することによって精神的な安定につながり、内面的自己実現の達成の方向へと進むということもあろう。本質的な内面的自己実現ではない場合でも終身雇用が完全には崩壊していない現状では、会社の正社員であるということが一定の内面的自己を支えているということもあろう（そしてリストラクチャリングという名の解雇はこれを脅かしている）。

つまり、内面的自己実現と社会的〈自己実現〉はねじれの関係のように存在するものなのだ。それゆえ、ともに安全で安心できる場所、ある種のセーフティネットでもいうべきものが必要とされる。こうしたセーフティネットを必要としているのはなにも「社会的ひきこもり」の青年たちだけではない。セーフティネットがしっかりしていれば、多くの青年にヴェンチャービジネスに乗り出そうというようなインセンティヴをあたえることにもなるだろう。ビジネスにかぎらず、若く夢見る芸術家などにも、失敗したときの安全で安心できる場所をあたえることになるだろう。誰もが成功者になれるわけではないのだ。常にリスクはつきまとう。グローバライゼーションの底に潜んでいるシンプルな自由競争というあり方では、失敗したときのことを恐れ、なかなかその第一歩を踏み出しにくくなる。ひとりの成功者がいる影には、多数の失敗者も存在するのだ。失敗したときには、そこへ戻ればよいという場所がなければ、自分の希望を実行に移すことは難しい。

3―5　フリーターという存在

フリーターはアルバイトで生計を立てているパートタイマーのことだが、現状では社会的保障がないなど、さまざまなハンディキャップを負っていることが多い。本来なら年齢を問わないはずだが、多くの場合青年を指す（そうでないと日雇い労働者なども含まれてしまうことになる）。しかも、その内実はひとくくりにできず、いろいろなパターンに分類できる。

その前に押さえておきたいことは、第一義的にフリーターの増加は、日本社会の就業構造上の問題であるということだ。フリーターに対して「いつまでもふらふらした生活を続けている」などと批判めいた論調も存在するが、すでにこの日本の社会経済にフリーターは組み込まれている。基準の取り方により異なるが、二百数十万とも四百万ともいわれる低賃金労働者であるフリーターの存在なしには、すでに日本の経済は成り立たなくなっているという事実がある。フリーターに対する好悪は別として、すでにそういった状態になってしまっているという認識から始めなければならないだろう。

小杉礼子と日本労働研究機構は、フリーターを次のように分類している。1．モラトリアム型［(1)離学モラトリアム型、(2)離職モラトリアム型］、2．夢追求型［(3)芸能指向型、(4)職人・フリーランス指向型］、3．やむを得ず型［(5)正規雇用指向型、(6)期間限定型、(7)プライベート・トラブル型］の三類型、七分類である。あくまで若年者の労働能力開発という見地からの分類ではあるが、検討の価値はある。

「若者の問題」として並記して扱われる傾向がある「社会的ひきこもり」と「フリーター」だが、「社会的ひきこもり」を「内面的自己実現を達成する過程」であると考えることができるのに対して、小杉の分類を参照するならば、フリーターの内面的自己実現志向を一概に指摘することはできない。それは「フリーター」が就業形態という外見的側面からのみ、カテゴライズされた概念でしかないためだ。内面的自己実現を目指すために社会との関わりを限定している人もいれば、より大きな社会的〈自己実現〉を目指すためにとりあえず現在はフリーター生活をおくるという人もいる。各々事情が異なるために、フリーターはこうだという定義は不可能である。

正規雇用の就職口が見つからないためにフリーター生活をおくらざるえない青年はきわめて多い。日本社会全体の完全失業率（今までの職を失った人だけを数える日本型の失業統計の方法そのものにも問題はあるのだが）は三パーセント程度であるが、若年層に限った場合には当初から職に就けない者も多く、それをはるかに上回る。実質的には二〇パーセント近くに及ぶだろう。高校や大学を卒業して、就職を希望しているにもかかわらず就職口が見つからない青年の数は、この一九九〇年代から増加する傾向にある。進学先を選ぶ際にも、自分の興味関心や内面的自己実現をよそにして就職率をまず第一基準とする青年たちも多い。にもかかわらず、正規雇用の就職ができない青年が増えているのだ。こういう青年たちに対して、労働へのモティヴェーションが弱いなどという心理学的なアプローチは全く無効である。若年労働者は低賃金・不安定雇用であってよいという社会的規範意識を変えない限り、あるいはほとんど望めないであろうが急激な景気の回復がなければ、この問題は解決しない。

将来の夢を実現するために正規雇用者にならずフリーター生活をおくる青年には、皮肉にもこの雇用形態はある種のセーフティネットとなっているという見方もできるかもしれない。もっともエリクソンが提唱したモラトリアムとはかけ離れたものではあるが。しかもそうとばかりもいっていられない調査結果が出ている。一章でもふれたが、苅谷剛彦は『階層化日本と教育危機』(有信堂高文社、二〇〇一年)のなかで、「本当に自分のしたいこと」「自分探しの旅」の果てに、「フリーターという名の安価なパートタイム労働力の予備軍となる若者たちの多くは、比較的恵まれない階層の出身者である」と調査に基づき示している。さらに「自分さがし」をよきものとみる視線からは、「こうした階層差の問題は見えてこない。自分の興味・関心や、個性を追い求める「個人の問題」が前面に押し出されるばかりである」として、教育心理学的なアプローチでこの問題を解決することの限界を指摘している。心理学的アプローチでは見えてこない、全体としてのマクロな問題を提議しているのだ。青年が将来の夢を追うことそのものは私も否定しない。しかし、それが恵まれない階層の出身者にはあらかじめ閉ざされているにもかかわらず、その夢を抱きつつも、フリーター生活から抜け出せないというのであれば（統計的にそうなる確率が高いことを苅谷は指摘している）それは悲劇であるといえよう。

このことは望んでフリーター生活を送るものにもあてはまる。先の小杉らの分類によればモラトリアム型や夢追求型の一部に分類されよう。このカテゴリーに属する青年たちが、労働意欲がなく刹那的で気楽な生活を送っているといったようにもっとも否定的に語られるのであろう。人間を労働力としてのみ考える視座から出てくる発言だろうが、しかし、モラトリアム型の場合、その内実はすでに社会的〈自己実現〉をあきらめ、低賃金で社会的保障のない不安定な生活を強いられているのがその実態ではないか。特に年齢が上がるにつれて、その不安も強くなってくる傾向にある。若年者の職業能力開発という視点から分析を行ってもこのような結果となる。正規雇用指向型の場合、明らかに社会構造的問題であるから、フリーター個人に問題を帰するようなアプローチはまったく持って無効である。ニートにも言えることだが、それは六章で再検討する。

責任を個人にすべて押しつける問いの立て方ですべてがおおえるわけではない。それこそ、石川が指摘する「社会の容量」の問題であり、芹沢がいうようにひきこもりの帰路において「仕事先を頻繁に変え」ながらも、社会との接点を模索し、自己確立していく過程であることもあろう。しかし、そこには先にも記したように「安心で安全な場所」の保証が必要とされてくる。この保証が、階層・階級によって左右されるというのであれば、それは社会的問題であるといわねばならない。苅谷はそういった観点から、現在、進みつつある教育の「改革」あるいは「自由化」に対して警告を発している。そしてこの「改革」、「自由化」は「再規制」、「再編」を旨とする新自由主義をベースとしている。

問題は個人化と自己責任化によって解消されるべきものでなく、社会構造を分析する視点から考え直さなければならない。それは、本来の意味でのモラトリアムを享受できる階層・階級の青年と、それが不可能な階層・階級の青年へと分化していくことにつながっていく。

3—6　急かされる青年たち

ここまで、内面的自己実現と社会的〈自己実現〉というキーワードをもとに、現代の青年たちの置かれている状況を考察してきた。ややもすれば豊かな社会に生まれ、何不自由なく育ってきた青年たちというとらえられ方がされがちであるが、しかしその実態は、何をしてもよいといわれながらも、効率を求められ、まっしぐらに早くおとなになり、労働力となることをせまられるというものだ。今まで何度か引用した小杉らの基本的視座も労働能力の開発というものである。そして選択肢は多様にあるように見えながらも、どの選択肢を選んだかということは、すべて「自己責任」という形で当人に帰せられてしまう。早くから自己選択することを迫られながら、一定の幅を踏み越えた場合には、「個人病理」という形に回収されてしまう。しかも一見、自由でありながら、出身階層による分化が強まりはじめている。

これらの問題を乗り越えるには、安全で安心できる場を確保し、充分な期間をかけてしっかりと青年期の危機を受け止めながらアイデンティティを確立していくことが必要とされるだろう。そして、それを許す社会的条件を整えなければならない。以前とちがい社会の中で確たる地位を得るための教育期間はますます長くなっている。ある意味では陳腐な結論だが、内的自己実現が暦年齢で早く確立したかどうかのみで、青年たちが選別されふるいにかけられるのは不当でもあり、社会全体から見ても逆に非効率な結果となる。こういった観点を踏まえながら青年たちを見守っていくということが、もっとも基盤に据えられなければならない。

■参考文献

苅谷剛彦、『階層化日本と教育危機』、有信堂高文社、二〇〇一年
玄田有史・曲沼美恵『ニートフリーターでもなく失業者でもなく』幻冬社、二〇〇四年
小杉礼子、『フリーターという生き方』、頸草書房、二〇〇三年
斎藤環、『社会的ひきこもり』、ＰＨＰ新書、一九九八年
芹沢俊介、『引きこもるという情熱』、雲母書房、二〇〇二年
高岡健編著、『孤立を恐れるな！』、批評社、二〇〇一年
高木俊介編『ひきこもり』批評社、二〇〇二年
本田由紀・内藤朝雄・後藤知智、『「ニート」って言うな！』光文社、二〇〇六年
森田洋司編著、『不登校―その後』、教育開発研究所、二〇〇三年

第四章

エコロジズム運動と政党

この章は、一九八八年に『汎』という雑誌に発表したものである。チェルノブイリ原発事故の二年後に書かれた。

現在から見ると内容的に古いものではある。この間、旧東欧圏の「現存した」社会主義諸国は崩壊し、EUは東方拡大するなど大きな変化があった。自国第一主義が勢いを増した。しかしエコロジズム・ムーヴメントには、それ自体、現在に至るまで大きな変容を被りながらも、反グローバライゼーションなどにつながる今日的な意味があるはずだ。三〇年たった現在においても、当時なかなか焦点化されなかった問題まで含めていまだに大きな社会的意義を持っているのではないだろうか。

旧ソヴィエト連邦はすでに崩壊し、ウクライナ共和国に残されたチェルノブイリ原発も紆余曲折は経たが二〇〇〇年には廃炉となった。しかし問われていたのは、単なる反核や環境保護だけではなかったはずだ。そこから一五年たった時点までの動向については、本書五章「エコロジズムの現在における可能性と困難」で再度検討する。

4―1　はじめに

西ドイツに「緑の党」が誕生したのは一九七〇年代末。環境保護団体、反戦平和運動団体など、さまざまな市民運動を支持母体に伸長を遂げてきた党は、チェルノブイリ原発事故をきっかけに政権奪取のキャスティングボードさえ握るまでに成長した。しかし既成社会システムに準じた未来か、それとも全く価値観を異にする共同体形成かをめぐって、大きな岐路に立たされている。それは日本のエコロジズム運動にも大きな示唆を与える岐路である。

エコロジー（ecology）というのは、直訳すれば生態学である。リーダーズ英和辞典によれば、「HUMAN ECOLOGY;《生体との関係でみた》生態環境」という使われ方もするようだが、この本では、エコロジーという用語は生態学とそれに緊密に結びつく環境問題に限定して使用することにしたい。

それに対して、エコロジズムはエコロジー的な考え方に基づきながらも、本章でも取り上げるように西ドイツ「緑の党」がザールブリュッケン連邦党綱領前文で四つの原則として、「エコロジー・社会的・底辺民主主義・非暴力」と掲げたように、環境問題だけでなく、底辺民主主義、少数民族・外国人労働者などのマイノリティの権利擁護、障害者の権利擁護など、現状の社会システム（間接民主制をも含む）にとってかわるオルタナティヴな考え方という語義をあたえたい。

環境保全だけを目的としたシングル・イッシューの市民運動をのぞけば、市民運動も政党もエコロジーというよりは、エコロジズムという語があてはまろう。特に政党の場合、綱領やプログラムは単に環境保全だけを掲げることはなく、様々な問題に対して方針を打ち出す。日本でもようやく認められ出した性的マイノリティの問題も、市民運動としてはフェミニズム・ムーヴメントに分類されるかもしれないが、エコロジズム政党は取り上げている。それゆえ本書では、エコロジー政党という名称を使わず、エコロジズム政党という使い方をする。ただし、問題は何が「底辺民主主義」であり、どういうありかたが「社会的」なあり方かというその内実なのだ。

4―2　原発事故とエコロジズム・ムーヴメント

チェルノブイリ原子力発電所の大惨事をひとつの大きなきっかけとして、日本でも反原発運動を中心とした環境保護運動・エコロジー運動が大きな高まりをみせた。では、チェルノブイリ原子力発電所の事故の影響をより大きく受けたヨーロッパでは、環境保護運動・エコロジー運動はどのような展開をみせたのだろうか。

西ヨーロッパにおいては一九七〇年代以来、エコロジズムとフェミニズムは新しい社会運動として二つの大きな潮流の位置をしめてきた（あと加えるならば障害者運動であろう）。フランスでは大統領選にも候補者を出している。その運動の結果、一九八〇年代に入り西ドイツの「緑の党」、ベルギーのAgalev と Ecolo（言語圏ごとに別政党となっている）その他オーストリア、スイスなどでも、国会へ進出するエコロジズム政党が出現した。もちろんこれらの政党は単に環境問題だけを論じるわけではなく、フェミニズム、移民に代表されるマイノリティの諸権利の問題、老人問題、オルタナティヴな政治文化やラディカルなサブカルチャーといった問題、あるいは現代の中央集権国家体制のあり方の問題、第三世界との関係の問題、巨大科学技術そのものの問題性などにも取り組み、議会内政党として大いに力をふるってきた。

しかし、他の諸問題を軽視するわけでは全くないが、チェルノブイリ原発事故そして福島第一原発事故は近代産業社会が抱える大きな問題を白日のもとにさらしたといえよう。それはエコロジズム政党が取り組んできた問題の内、かなりの部分が集約した形であらわれたものだったとも言える。チェルノブイリ原発事故以来二年あまり経過して、その政治的影響はさまざまなところにあらわれてきている。たとえば選挙結果である。一九八七年一月の選挙では、西ドイツ緑の党は国政レベルで実に八・三パーセント（前回一九八三年の連邦議会選挙では五・四パーセント）の得票率をあげるまでに至った。また、既存の社会民主主義諸政党にも影響を与えてきた。SPD（社会民主党）は、政権を失ってからは原発問題に対し、廃止の方向へと急激に党方針を転換していった。

原発事故による被害が直接に日常生活のレベルにおいて体感された結果のあらわれといえよう。自分の生活が、あるいはよってたつ生活基盤そのものが、原発事故ひとつで（しかも、核戦争のように「意図的」になされるものではなく、ふだん継続的になされている発電という「日常業務」の中のごく些細なミスによって）、一気に吹き飛んでしまう、そこまでいかなくとも生命にもかかわる重大な被害をうけるということが人々の脳裏に焼きつけられた。こういった意味で、人々の世界認識を根底から揺さぶる、まさしくチェルノブイリ・ショックと呼ぶにふさわしい事件であった。選挙結果だけをみると、このチェルノブイリ・ショックは、エコロジズム政党に味方したかのように見えるが、はたして影響はエコロジズム政党の議席数伸長それだけであったのだろうか。

西ドイツ連邦の緑の党が一九七〇年代末に出発したときから、さまざまな市民運動などの連合体であることは、つとに有名である。その出身母体は環境保護団体、反戦平和運動体のほかにも、SPDからの参加者、APO（Außerparamentarishe Opposition）といわれる七〇年代からの議会外反対勢力の流れをくむもの、それと交差する形で活動を続けてきたマオイスト系、第四インター系などのニューレフト・共産主義諸グループ、エコロジーや教育問題と従来から深いつながりを持ってはいたが独特な性格を持つ人智学派の人々、さらにはCDU（キリスト教民主同盟）からの参加者まで、実に幅広いものであり、当初から運動方針をめぐって左派・右派の論争が取り沙汰された。すでに各地方に「緑」「さまざまな色」「オルタナティヴ」を名乗る地方政党が成立していたとはいえ、連邦レベルでの政党の結成という点で考えてみると、むしろきっかけが右派色をすらもった環境保護運動からの始まりであった。それが七九年三月のヨーロッパ議会選挙の結果などを通じて政党参加者の性格を変化させ、「緑の緑」「赤い緑」などという論争を経て、その最大公約数として出されてきたのが先に挙げた一九八〇年三月のザールブリユッケン連邦党綱領であった。その前文で謳われたのが、かの四原則―エコロジー・社会的・底辺民主主義・非暴力―であった。出発点からして、多様性を持つ政党であり、そのなかで連帯を求める政党であったといえよう。また幅広い市民運動と手を携えることで成立し、かつ発展してきた政党であるともいえよう。

あいつぐ州・特別市での議会進出、さらには八三年三月の連邦議会進出と、緑の党は政党として発展していくが、ここで新たなる問題をかかえることになる。西ドイツの議会の勢力関係は、CDU／CSU（キリスト教社会同盟。CDUと連合関係にあるバイエルン州の地方政党）とSPDがほぼ二大政党を形成しており、それにFDP（自由民主党）が議席を持つという構造になっていた。連邦議会では、緑の党が少数党のままキャスティングボードを握ってしまう可能性が取り沙汰されてきた。その場合、絶対野党でいるのか、あるいはSPDとの連立内閣の可能性を含めて、閣外協力などのなんらかの連合をするかどうかという問題である。

すでに、一九八二年にハンブルク市議会（ハンブルクは特別市で州と同格）で、GAL（「緑」と「オルタナティブ」の連合体）がこのような局面にたたされた。特に問題になったのは同年のヘッセン州である。SPD、CDUとも過半数がとれず（FDPは全議席を失う）、選挙得票率ではCDUを下回ったSPDの州政府が管理内閣として残るという政治的に不安定な状態に陥った。この不安定な議会政治の状態が「ヘッセン状態」と新聞などで書きたてられるまでになった。ここで緑の党内部にそれまでの論争とは少し違った次元で論争が繰り返される原因がつくり出された。大別すると、連立政府を志向する現実対応派と、絶対野党でいようとする原理派に分かれて党内論争が引き起こされたと言える。一九八三年の再選挙で、SPDは第一党となるが、今度はFDPが議席を獲得しCDUと野党連合を形成することになる。この野党連合は議席数の上でSPDを上回ることになり、SPDは連立の相手として緑の党に打診をかけることになる。最終的には、一九八五年にSPDと緑の党は連立政権を樹立し、いわゆる社緑連合が成立。緑の党もヨシュカ・フィッシャーを環境大臣として州政府に送り込むことになる。このような過程を仲井斌は、「抗議運動から反政党的政党へ、さらに連合政党を経て与党の一角すら目指す試みは、党の性格を変えざるをえない」と評した。また、党内の原理派が伸びている状態を指摘して、政治技術的に未熟な緑の党は、政治という闘争の場で「勝手にコケてパーになるだろうという気もしている」といった見方まででている。

しかし、はたしてほんとうに政権に参加し、ＳＰＤのような既成政党とも手を携えていくことだけが緑の党の、ひいてはエコロジズム・ムーヴメントのとりうる道なのであろうか。反政党的政党という性格に見切りをつけ、職業的政治家を組織し、政権奪取へ向かうことだけが緑の党の発展の可能性なのであろうか。またその際、この運動自体が内包していた政治的・文化的ラディカリズムは切り捨てられるのか、それともママ子扱いを受けた形で残されるのか。緑の党はその性格を巡って岐路に立たされていた。

4―3　エコロジズム政党の内的勢力関係

さきほども少し触れたが、チェルノブイリ原発事故以来の緑の党の躍進にともない、原理派といわれるグループが勢力を増してきた。彼／彼女らはＳＰＤの原発問題に対する方針転換をにわかに信用せず、既成政党の枠組みではなく、真にエコロジズムに基づく政治のあり方とはなにかを問いかけ直すグループでもある。単に表明された政治的プログラム・マニフェストの改編、あるいは政治的かけひきのみで、原発問題に代表される現代の危機的状況が収拾できるものではないと主張し、生活の質のそのものの改編をも視野に入れながら運動を進めていこうという意識を持ったグループである。チェルノブイリ原発事故はこういった意識に大きなショックを与えたといえよう。すなわち、巨大技術のあり方、競争原理、世界的には第三世界とのアンバランス、さらなる産業主義のみの発展、こういった問題を抜きにして、ただ政権の一角に入り込むことだけでは原子力発電に代表される根本的問題はまったく解決されないと考える人々である。そして、運動として真に大事にしなければならない価値とは何なのかを、まさしく原理的に問い直す動きでもある。

もちろん、その解決策にもいくつかの方向性がある。その方向性をめぐって、党内ではさまざまな論議がなされているのが現状である。ハーバート・キッチェルトは西ドイツの緑の党、ベルギーのAgalev と Ecolo の面接調査を含む分析のなかから、エコロジー政党の内部勢力関係をイデオローグ、ロビイスト、プラグマティストの三つの要素から分析していく。彼によると、その三者の分類は以下のようなものである。イデオローグは、以前からさまざまな〈左翼・リバタリアン〉(絶対自由主義者、人間の自由を最も重要なものと考える人々)の組織で活動し、党方針に対し幅広くかつ根本的な(ラディカルな)ヴィジョンをもつ。ロビイストもやはり左翼・リバタリアンに出自を持つが、より個人的な活動家である。焦点とする問題も、イデオローグが根本的ヴィジョンを重視するのに対し、ロビイストは環境問題や女性差別問題といった個的で特殊な具体的問題を重視し、そこから全体を考え直そうとする。プラグマティストは、社会変革の方法として、より具体的に目に見える形のプログラムを重視し、底辺民主主義を実現させる党組織のあり方などといった問題よりは、むしろ選挙戦術といった具体的側面を重視する。

底辺民主主義の実現、つまり、素人が直接的に政治運動に参加し、党組織の持つ官僚性をできうるかぎり排除し、党と個人の具体的かつインフォーマルな関係を重視して、議会外運動と党との関係に重きをおくといった基本的な性格、エコロジズム政党の既成政党と際だって異なる特色は、もちろんこの三者に共通した基礎として共有されている。が、現実にはこの三つの要素が緊張関係をはらみながら、エコロジズム政党を動かしているという。三つの要素はそれぞれの局面で、それぞれの力を発揮する。たとえば、目に見える形であらわされる具体的プログラムではプラグマティストが力を発揮し、党の具体的ポリシーを選択するに当たってはロビィストが、また党組織のあり方に関してはイデオローグが、それぞれ力を発揮する。また、その三つの要素を支えるものも、それぞれに性格づけられる。すなわち、ロビィストは社会運動と深い関係を持ち、イデオローグはラディカルなカウンター・カルチャーにその根をもつ。また、プラグマティストは選挙民に支えられる。そして、この三つの要素がエコロジズム政党のなかで互いに緊張関係をはらみながらも、運動を進めていく中心となり、また各議会の議員を輩出しているという。以上がキッチェルトの分析視角である。

そして、エコロジズム政党にかかわる運動家のうちニューレフトや既成政党に属していた経験を持つ者がイデオローグには多く、ロビィストには社会運動を経てきた者が概して多いという。エコロジズム政党を当初から支えてきたオリジナル党員にはイデオローグとロビィストが多かった。それに対し新しくエコロジズム政党に加入してきたメンバーはプラグマティスト的傾向を持つ者が多いという。新しく入ってきた党員は、それぞれ自分の属するコミュニティやグループの持つ要求を、エコロジズム政党を通じてプログラムのなかに具体化していくことに関心が強いという調査結果が出ている。エコロジズム政党に何を求めるかという基本的なところで、視角が異なるために論争が生まれてきているのだ。近代化によっていったんは失われてしまった農村的共同体が持っていた近代社会に対する共同体的なラディカリズムと、マイノリティの権利・多様性などを尊重する都市的ラディカリズムの狭間に、地域主義という考え方が立たされたのに近い状況があるのではないだろうか。また、現実にエコロジズム政党を支える社会運動の一部は共同体的なものを重視するラディカリズムの特質を帯びる場合も多く、ラディカルなカルチャーは都市的ラディカリズムの色彩を帯びることも多い。さらに、選挙においてより多数の支持をとりつけることは、この両者とも相反することになることもあろう。議会の場面においてSPDと連合するか否かといった問題は、単に議席数の問題としてのみ論じられてすむ問題ではなく、こういったエコロジズム政党のあり方をめぐる内部諸関係から考えられなければならない。

4—4　エコロジズム政党の構造と党員のかかわり

キッチェルトによる面接調査では、エコロジズム政党の党員および運動家たちは、既成政党の党員などに比べて、党に対するロイヤリティ、忠誠心が低く党員の出入りがはげしいことが明らかにされている。たとえば緑の党の場合、党員数が一九八一年五月には一五三五二人、一九八三年秋には三二〇〇〇人、一九八五年には三九〇〇〇人、Agalev の場合は、一九八二年一二月の時点で九七二人、一九八四年九月に七五九人、一九八五年春で約一〇〇〇人。Ecolo の場合は、一九八二年一二月に九一二人、一九八四年秋には約七五〇人、一九八五年九月の時点で一〇一五人となっている。

緑の党の場合は、まがりなりにも順調に党員数を増やしているように見えるが、それもより詳細にみていくと単純に増加しているのではないことがわかる。たとえば、西ドイツ南部の町フライブルクにおける緑の党の調査では、一九八三年一月には二一〇人、そのうち一九八五年三月まで継続して党員であり続けたのは一二四人、その間に二六三人の入党者がいるので、一七七人の増加ではあるが、同時に八六名もの党員が去っている。比率にすると、およそ四〇パーセントである。Ecolo や Agalev も、党員数自体は大きく変わっていないが、同様の傾向がみられる。これらの数字は既成の政党に比べ明らかに党員の出入りがはげしいことを示している。

ひとつには、党員にとって政党よりも自分自身が当面している運動の方に関心が強いことが理由としてあげられる。すなわち、彼/彼女らにとって、政党とは自分たちがかかえている問題を解決するための単なる一手段、しかも「もう一つの乗り物」といわれるように補助的な一手段にすぎないとみなされることが多いためでもある。また逆に既成政党の構造そのものが硬直化しているために、エコロジズム政党の流動性がかえって目立つ結果になると考えることも可能であろう。クラウス・オッフェも指摘するように、既成政党はそれぞれ支持基盤となる階級/階層に、現実的利益配分という形で見返りを与える半面、支持基盤を拘束している。それが自律性への阻害要因となり、一種の官僚制をつくりあげるわけであるが、一方では既成政党としての構造を安定化させる働きを持つ。西ドイツでいえばCDU/CSUと資本家、SPDと労働組合の関係がこれにあたる。しかし、これは間接民主制を通しての政党、ひいては国家への囲い込みであり、著しく自律性を損なうものである。オッフェは、逆に現代社会における各サブシステムの相互依存性を問題にし、社会の各サブシステムの相対的な自律性、オートノミーこそが、いま必要なものだという。

オッフェの考えにしたがうならば、エコロジズム政党の持つ流動性を簡単に支持基盤や党員のロイヤリティの弱さといった欠点としてのみとらえることは一面的な見方ということになろう。既成政党の価値観、すなわち、数の上での権力闘争を通じて政権を奪取するという点からのみ見るならば、エコロジズム政党はたしかに組織的に脆弱な存在ということになるかもしれない。その弱点を克服するためには、SPDとの連合をも含めて政権への参加を積極的におし進め、既成政党のように支持基盤を固め、社会における一システムとして確立していくという方針をとるのも一つの方向性である。その際には、そのシステムをコントロールする代議制政治の経験を積んだ党の指導部といったものも格段に重要になり、力を持つことになるであろう。「先生の党」などといわれ、高学歴層、高所得者層に支持者の多いエコロジズム政党にとっては、その選択は人的資源の問題・資源動員論の観点からみても不可能な道ではないかもしれない。しかし、それはあくまで現在の抑圧構造としてすら働く可能性のある間接民主制を前提としたものであり、言葉の表面の意味だけの環境保護をうたう従来型の一政党として存続が図られるだけであろう。しかしそれでは、環境破壊、原子力発電所の存在などを許す社会のあり方に始まり、マイノリティの権利保障といったさまざまな問題を持つ社会システムの根本に一歩たりとも踏み込んでいくことは不可能となる。

まさしくこの点を問題としない限り、エコロジズム・ムーヴメントが問いかけている現代社会の問題に応えることにならない。もちろん社緑連合を提唱する現実対応派が、この問題を全く視野に入れていないと簡単に断定することは早計である。現実対応派は、単に議席数のかけひきで政権の一角に食い込み与党化することで、環境保護問題の表面的解決をはかろうとしているだけではなく、SPDをはじめとして、より広い社会全体に働きかけることで、この産業化社会の矛盾を明らかにし、解決の可能性をさぐる動きとも解釈しうるからである。積極的にとらえるならば、体制諸機関の内部からの変革といわれる「体制への行進」ともとらえることができよう。しかし、原理派がこの点に関して、分業制による政治の専門家支配を問題視して底辺民主主義を重視し、無制限なテクノロジー進歩そのものを批判する、既成政党の枠組みを超えた反政党的政党という性格を堅持しようとする深い問いかけは、社緑連合を是とするか非とするかといった次元とは全く異なった次元で、正当なものであるといわざるをえない。

4―5　社会運動との関係と政党としての消長

エコロジズム政党は、多様な社会運動にとって、オッフェのいう自律性を害したり、依存性を強めたりする存在ではない。それは一つには、エコロジズム政党が比較的小さな存在であることに理由が求められよう。また、そのあり方自体が分権的で官僚的組織形態を否定しようとする性格を持っていることにもその理由を求めることができるであろう。それはラディカル・カウンターカルチャー（対抗文化運動。メインカルチャーを前提として、それにぶら下がる形で成立するサブカルチャー、オタクとは本質的に異なる）により、エコロジズム政党が支えられていることも大いに関係がありそうだ。キッチェルトの調査で明らかになったエコロジズム政党の運動家の職業的背景とも関連が深いようだ。教育部門の労働者が、緑の党の場合二五パーセント、Ecolo と Agalev の場合一九パーセント、大学卒業程度の資格を必要とされる専門職に就いている者が、Ecolo と Agalev でそれぞれ二二パーセント、四八パーセント、大学生が九パーセント、八パーセント、ホワイトカラー層が一四パーセント、八パーセント、ブルーカラー層が五パーセント、二パーセント、失業者が一九パーセント、五パーセント、労働市場に参入しない者が六パーセント、五パーセントとなっている。日本と異なり大学の進学率が低いヨーロッパ社会においては、高学歴層が多いことが確認できる。

教育労働者が多いことは以前からよく指摘されていることであるが、確固たる職業的背景を持たない者、すなわち、大学生と失業者および労働市場に参入しない者の割合が高いことが指摘される。また、一方ではブルーカラー層の活動家が極端に少ないこともおさえておかなければならない。とくに、活動家において失業者の占める割合が、緑の党で一九パーセント、Ecolo と Agalev で一一パーセントにも達することが目につく。これらの国々においては、社会保障制度が整備されており、失業者が即、生活窮乏者、貧困者層というようには結びつけてしまえないが、社会的にマージナルな部分にエコロジズム政党の運動家が相対的に多いことが推察される。マイノリティの権利尊重、多様性といった都市的ラディカリズム、ラディカル・カウンターカルチャーとの結びつきを示すものであるといえよう。

ところで、選挙でエコロジズム政党に投票する支持者層はどうであろうか。一九八七年の連邦議会選挙における得票をみると、緑の党の得票率が高いのは圧倒的に大都市である。支持率が高かったところを列挙してみると、ミュンヘン、フライブルク、ブレーメン、フランクフルト、チュービンゲン、ハイデルベルク、ハンブルク、シュトゥットガルト、ブレーメン、ケルン、ミュンスター、ダルムシュタット、カールスルーエ（以上、支持率一二パーセント以上の選挙区を持つ地区）など、多くが人口一〇万以上の大都市である。さらに、いわゆる大学都市において支持率が高いのが目につく。列挙したなかでチュービンゲンだけが、人口一〇万以下の町であるが、ここも大学の所在地である。ハイデルベルク、フライブルク、一一・八パーセントの得票率をあげたゲッティンゲンなど、いわゆる大学都市で緑の党の得票率が高いことが重ねて目につく。逆に農村地区での得票率が低い。とくにバイエルン州の東ドイツと接する地区などでは、得票率が五パーセント未満の地区も多く存在する。農村対都市の構造がたしかにあらわれているようである。これは先にみたように、緑の党の活動家がこのような地区に多いことと当然深い関係を持っていると言えるだろう。

しかしそのような状態でありながら、党員数に比べて得票数が多いこともエコロジズム政党の特徴として指摘されることである。エコロジズム政党の活動家が産業社会におけるマージナルな部分を代表する傾向が強いことは先ほどみたが、その支持者、エコロジズム政党への投票者はより大きな広がりを持っている。党の活動家に比して、投票者はそれほど一般的にラディカルではないといわれる。このギャップを指摘し、農村地区におけるエコロジズム政党の弱さとあわせて、エコロジズム政党の限界を語る見方もでてきている。すなわち、エコロジズム政党は既成左翼政党の官僚制化にともなう一種の機能不全につけいり、取り込みに失敗した部分が都市的ラディカリズムと結びついて進出してきたにすぎないという見方である。緑の党については「二〇世紀消滅説」すら出されていた。しかし、たしかに都市対農村という対立構造は存在し、共同体的なものを重視するラディカリズムへの対応は遅れているとはいえ、チェルノブイリおよび福島第一原発事故という産業社会の悲惨な結末を経験した後で、この現代社会のシステムに対するラディカリズムが消えてなくなるとは考えられない。

西ドイツの場合、得票率五パーセント未満の政党には議席を与えないという、小政党には厳しい五パーセント条項という問題があるため、各地区によってはこれからも議席を失うこともあり得るだろうが、いまエコロジズム・ムーヴメントといわれている運動の内実が消え去るとは考えにくい。一方、SPDの原発建設反対、左への急旋回といった事態にみられるような既成左翼政党による取り込みという点に関しては、語義の表面上のエコロジーを、たとえSPDのような既成左翼政党が取り込むのに成功しても、オッフェが指摘するサブシステムの自律性の喪失、依存性の増大といった問題は、なおきら大きくなるにすぎない。すなわち、その取り込みが成功するということは、とりもなおさず、サブシステムである諸社会運動の自律性の喪失、ひいては、既成政党、国家を通貫する官僚制のさらなる増大、完成ということになってしまう。先ほど見たように、これはエコロジズム政党内部において常にはらまれている危険性であるが、運動体がそれほど簡単にその自律性を明け渡すとは考えられない。緑の党の原理派の伸長をさして、選挙民からの遊離を危ぶむ見解もあるが、原理派が社会全体に対して運動固有の価値を提示し得るようになったときこそ、この産業化社会の問題を解決する鍵を握った存在として存続し得るのではないだろうか。

4―6　エコロジズム・ムーヴメントのめざす社会

いままで見てきたように、エコロジズム・ムーヴメントがめざす方向性のなかには、すでに間接民主主義を超えて、公的および私的官僚制、産業化社会のあり方そのものを否定するものが内包されている。それに対応して、エコロジズム政党の方針も規定されてくる。たとえば、緑の党にみられるような底辺民主主義の提唱、それを制度的に保障するための議員のローテーション制度などは、そのあらわれの一つであろう。議員のローテーション制度とは、一人の議員が任期いっぱい務めることをやめ、任期の前半と後半で別の人間に交替する制度である。西ドイツの選挙制度が比例代表制に基づくことを利用したもので、党役員などにもそれに準じた適用がなされていた。これは間接民主制の持つ欠点とも言える議員や役員の職業化・専門化にともなう官僚制化の進行、それに伴う党指導部と一般党員とのギャップの増大を防ぐねらいを持つものである。この制度は議員の議会政治的経験蓄積を妨げるなどの口実の下に、緑の党においても完全には機能していない側面もあるが、間接民主制の枠組みを破ろうとする反政党的政党の性格の一つのあらわれである。事実、これは運動を政党に従属させない、運動の自立性を保つという点で、既成政党と運動との関係とは異なった関係を生み出してきている。現在の既成政党に対し、キッチェルトは「発展した資本制民主主義においては、官僚的政党という存在自体が、リバタリアンや平等主義者の社会改良要求に合致するものではない」といい、「脱産業化社会の枠組みにおいて政党がもつ固有の矛盾と不安定さは、左翼・リバタリアンにとって政党というものが限られた効用しか持たないことを示すものである」とまでいう。この意味でも、既成の近代的政党とエコロジズム政党は性格を全く異にするものであるといえよう。

すでに述べたように、クラウス・オッフェは、社会の各サブシステムが相互依存性を増し、自律性を失っていくような無限の近代化、グローバライゼーションに対して警鐘をならす。近代化が押し進めていった社会の平準化は、相互依存性の増大のために、ある一つの行為が持つ影響が当の行為主体にとっても理解し得る範囲を超えるものとなってしまっている。グローバライゼーションの負の側面である。ここでオッフェは、いままでの社会の近代化の方向とは全くの逆の方向、つまり依存性の縮小こそが必要であるという。各サブシステムの自律性の確保こそが焦眉の的なのだ。これは、エコロジズム・ムーヴメントがまさしく指し示す方向でもある。具体的には、国際的な他国籍企業の活動にみられるように、ますます増大しつつある世界規模での社会の平準化と依存性（グローバライゼーション）の否定、またチェルノブイリおよび福島第一原発事故にみられるように、より大規模な人類の生存そのものにかかわる問題への取り組み、またよりミクロなレベルでは、現在の中央集権的な社会システムに対する分権的な社会のあり方の模索などがあげられよう。

では、実際にエコロジズム・ムーヴメントといわれる運動のなかでどのような社会像がめざされ、考えだされてきたのだろうか。スイスの活動家であるP.M.は、その著書である"bolo'bolo"のなかで、カレンバックの思想などを受けとめた上で一種のコンミューン社会の連合体建設を想定する。

このboloとは、およそ五〇〇人程度からなる自律性と文化的アイデンティティを持つコミューンである。boloは、貨幣制度の廃止、一定程度の食料、エネルギー、水などの自給自足を前提とするが、決して農村コミューンに限らない。むしろ現在ある社会システムを「惑星状労働機械」（Planetary

Work-Machine）とみなし、それを全世界的に組み替えていこうというものである。bolo はそれぞれが文化的独自性を持っており、全体としてみれば非常に多様性を持つものとして描き出される。そして、各 bolo 自体が、その文化的アイデンティティに応じて、どれだけ自給自足的であるか、あるいはどの程度他の bolo と相互依存的であるかを自己決定していく。物、情報の交換を全否定するわけではないが、貨幣の廃止を前提としており、bolo 自体の自律性を高い価値とする。また、この bolo も、より上位の連合体（P.M. は、それらをレベルに応じて TEGA・VUDO・SUMI・ASA などと名づけている）に属するものであり、最上位の ASA では世界連合体を形成するものであるが、あくまで、これら上位の連合体は連絡機関的なものであり、bolo の自律性を脅かすものではない。あくまで文化的・経済的自律性を持つ bolo が主体である。そして、人々は自分の好みに応じて、どの bolo に属するかを決定する。また、ある bolo から別の bolo へ移ることも全く自由なこととして想定されている。

ここから読み取れることは、顔を見合わすことのできる規模の共同体が文化的自律性を持つ基礎単位となって社会を再編するという発想である。世界中どこでも価値の普遍性を主張する貨幣を廃止し、交換も対面的関係をもとに再編される。現実の資本主義も社会主義をも超えたところに、共生関係をもとに想定される社会のあり方であるといえよう。そのなかではすでに政党政治というシステム自体が否定されている。（P.M. は緑の党に対してさえも、現実政治の終焉という視点から、現体制のなかでの改良主義に陥る危険性を強く指摘し、否定的とも思える態度を示している）そして bolo'bolo を自分の第二のリアリティであり、第二のリアリティへのトリップであるという。また、主観的なものであり、アイデアの一つにすぎないともいう。たしかに、このアイデア自体は子どもの問題などを考究していないし、体系的思想として完成されてはいないかもしれないが、エコロジズム・ムーヴメントのなかから胎胚してきたものの一つであることは疑い得ない。

つまり、エコロジズム・ムーヴメントが問題とするのは、国家権力の内部における権力関係の不平等（それはもちろん国際的な広がりをも持つが、それをも含めて）のみを問題とするのではなく、国家権力そのものを、ひいては、そのような権力装置そのものの廃止、あるいは縮小を問題とするのである。問題は権力関係の歪みの是正ではなく、権力関係それ自体を廃止・縮小する方向にいかにして向かうかである。そのためには、国家に取り込まれるのではなく、活動家自身が国家に対して自律性を持った存在であることが必要とされる。

もちろん、すべての活動家や党員がこのようにラディカルなわけではないかもしれないが、エコロジズム政党の反政党的政党というアンビバレンツな性格は、このようなエコロジズム・ムーヴメントの持つ方向性によって規定されているのである。

4—7　日本のエコロジズム・ムーヴメントの可能性

日本では、エコロジズム政党といわれる政党で国会に議席を持つ政党はなかった。しかし、以前からの平和・反核兵器の運動に加えて、反原発、反公害などの環境問題に対する運動、エコロジズム・ムーヴメントにつながるような運動は繰り広げられている。とくに、スリーマイル、チェルノブイリ、福島第一原子力発電所の事故以来、反原発運動は大きな盛り上がりをみせ、既成政党レベルでは、いまだに原子力発電所容認の動きがあるとはいえ、世論調査上でも原発反対派は急増し、各地で反原発運動が繰り広げられてきた。その運動は、原子力発電所建設予定地はもちろんであるが、そこだけに限られてのものではなく、かなり広範囲にわたるものとして繰り広げられている。さらには、それらの運動を世界的につないでいこうという努力もある。チェルノブイリ原発事故さらには福島第一原発事故でもあきらかになったように、原発問題は原子力発電所が建てられたところ、あるいは建設予定地だけの問題ではなく、いったん事故が起きるや、その被害は国内はいうに及ばず、世界的に影響を与える。それゆえ、反対運動が各地で繰り広げられるのは当然であろう。

しかし、問題となってくるのは反対運動の内実であろう。エコロジズムはいまや、一種のブームといっても過言ではない状態であるが、この運動がどれほどまでに社会的深まりをみせ、何を問題としていくかが今後問われてくるところであろう。感性的な連帯を否定するのは、もちろん誤りである。しかし、自分の生活だけが大事であるという生活保守主義と上滑りな感性的連帯が結びつくとき、すなわち、原子力発電所の問題が産業化社会の一つの必然的結末であることを忘却し、同じく産業化社会によって支えられている現在の「豊かさ」を脅かす何か外的な脅威としてのみとらえるならば（あるいは、もっと極端に経済的な効率の悪さだけを問題とするならば）、現在の反対運動は結局のところ、その問題を生み出している社会のあり方の根本を問うことができず、いずれは技術的問題として現状の社会システムに回収されてしまう可能性が高い。

廃棄物処理の問題を考えてみても、自分の生活にかかわらないところに押しやる、たとえば外国での処理、あるいは海洋投棄という形では、目の前の危険性をたとえいささか減少させることができたとしても、決して問題の根本的な解決にはならない。

また、「母親として」原発に反対するという主張がなされることがよくある。人間の再生産を担う者としての責任から、人類の未来を担う子どもに対する責任から、生命に最も深くかかわるものとしての立場から、原発に反対するという主張である。この主張は性別役割分業をどのようにとらえていくかといった点においてフェミニズム運動の内的問題としても問われるであろうし、運動を進めていく上で両義性をはらむものとなるのではないかと思われる。

たとえば、この主張が先にあげた生活保守主義と結びついた形で、わが子の安全だけを願うというもっとも切り詰められた形でなされるならば、エコロジズムが現状の社会の持つ問題点を根本的に問うているという視点は失われてしまうことになろう。また、フェミニズムの運動の内部からは、女性を、母親として、あるいは母親になるものとしてのみとらえてよいのかという異論が当然さしはさまれることになるであろう。この問題は運動がどのような社会像を展望するかという点に大きくかかわってくることであろう。母性を神格化してしまい、あるいは、生命という問題をすべて母性に還元してしまい、それを短絡的にエコロジカルであるとしてしまう、あるいはエコロジズムと結びつけてしまうようでは、運動それ自体がめざすものを見失ってしまうことになろう。そうでなくとも、一方で産業化社会を支えている現在の家族制度を全く問うことなしに、表面的語義に終わらないエコロジズム・ムーヴメントがこれからさき展開していけるのかということが問われてくるであろう。さらに言うならば、原発反対運動や環境保護運動を担う者自身のうちに、問題がはねかえってくることなしに、エコロジズム・ムーヴメントが展開していけるのかということになるであろう。

さらに重要なことは、上記の問題とも関連して、運動自体が自律性をどこまで持ち得るかということがある。運動それ自体が自律性を持たず、たとえば、既成政党のような他の社会的サブシステムに従属してしまうのであれば、オッフェの言葉を借りるまでもなく、そこから現在の社会システムを超えていくようなエコロジズム・ムーヴメント固有の価値を生み出していくこと、あるいは社会像を描き出していくことは不可能であろう。この固有の価値を生み出すということは、それぞれの運動体が独善的とも言える価値観を持ち出し、自己勝手にふるまい他との連帯を拒否することとは、いままで見てきたことからもわかるように、全く異なることである。自律性を持つことと、連帯を拒否し孤立した存在でいることは全くの別問題である。これらを同次元で語ること自体が誤りである。それどころか他者とのつながりを持てないような形の運動、あるいはその運動から生まれてきた価値のみでは、この産業化社会の論理に対抗し、乗り超えていくものにはなれないであろう。

西ドイツ、・ベルギーあるいは、スイス、オーストリアなどとは、日本は選挙制度も異なる。また、地方自治制度も異なる。確かにそういった現実的側面を抜きに、日本におけるエコロジズム政党の成立および議会進出の可能性いかんを語ることはできないであろう。しかし、いままでみてきたように、エコロジズム・ムーヴメントが問題とすべきは、それが政党の形式をとり、議会に進出できるかどうかだけではない。そのような間接民主制の枠内に問題を押しとどめること自体が誤りである。もっとも根本的に問題とされねばならないことは、この現在ある社会システムの論理を乗り越えていくような固有の価値を生み出していけるかどうかということなのである。

■参考文献

Herbert Kitschelt, Organization and Strategy of Belgian and West German Ecology Parties : A New Dynamic of Party Politics in Western Europe?, *Comparative Politics*, Vol.20 No2 January 1988.

P.M. *bolo'bolo*, Semiotext(e), 1985.

Claus Offe, The Utopia of The Zero-Option Modernity and Modernizaion as Normative Political Criteria, *Praxis* Political Criteria, *Praxis International* Vol.7 No.1 April 1987.

芦沢宏生「西独・緑の党」『社会運動』八五号、一九八七年

遠藤マリヤ『ブロックを超える』亜紀書房、一九八三年

シャーリーン・スプレットナク、フリッチョフ・カプラ著、吉福伸逸、田中三彦、霜田栄作訳『グリーン・ポリティックス』青土社、一九八六年

仲井斌『緑の党』岩波書店、一九八六年

第五章

エコロジズム政党の現在における可能性と困難

四章で取り上げたエコロジズム政党の浮沈と動向をいま一度整理しておきたい。

5―1　一九八五年・西ベルリン・春

大学院修士課程一年の終わり、私は春とはいえまだまだ寒い西ベルリンのクロイツベルクにいた。現地に行って、緑の党／オルタナティヴ・リストの様子を見てこようとしていたのだ（西ベルリンでは都市的ラディカリズムを体現するオルタナティヴ・リストの方が圧倒的に強かった）。空きビルの不法占拠で始まったスクワッティング運動は西ベルリンでも広がりを見せたが、すでにその時点では所有者と契約をするというような形で徐々に収束に向かっていた。それでもかつてスクワットされた建物の側壁には、さまざまな「絵画」（後でふれるベルリンの壁と同様、その内容は多種多様であった）が目に鮮やかであった。

私は空き室占拠ということに関心を持っていたが、彼／彼女らが言うには、そこで一番学んだことは、ただ空き室を占拠することではなく、その住人同士の「共同性」の重要性だと語ってくれた。彼／彼女らが獲得した（その時点ではすでに契約を結んでいたが）アパートに泊めてもらい三週間ほどをその地で過ごした。彼／彼女らは、政党に属しているかどうかにかかわらず、ひろい意味でのエコロジズム運動、フェミニズム運動の活動家たちであった。ほんの少ししかドイツ語のできない私にとって不自由さはあったが、彼らは、ドイツ語と英語を交ぜながら、いろいろな施設やイヴェントを丁寧に紹介してくれた。そして、東西冷戦構造の中で、何か事があれば、被害をまず真っ先に直接に受けるのは米ソ両大国ではなくここベルリンの地であると多くの人が確信していることにあらためて気づかされた。

大学生などドイツ人の高学歴層でも、英語に自信がない人たちは多く、「国連英語」ではないが、こっちの英語が正しいのだと、発音などおかまいなしに大胆に構えて話してみると、互いの関心領域さえ重なれば何とかコミュニケーション可能なものだと実感した。活動家たちの考え方はもちろんだが、それにもまして印象深かったのは、その日常生活を含め、肌で感じたものだった（もっとも、当時、肉魚が食べられなかった私には、食べ物はあわず、街に出てイタリア料理・ギリシャ料理・トルコ料理などを食べていた。こういった外国人労働者のやっている店の方が安いのだ）。

クロイツベルクはかつてあったベルリンの壁に隣接する地区だ。壁には色とりどりの様々な落書きがされていた。政治的なものもあれば、純粋にアート的なもの、うけねらいのエンターテーメント的なもの、実に様々だった。当時の観光旅行書には、外国人労働者（主としてトルコ人）や極左の活動グループが多く、治安の悪いところであり、おすすめできない地区となっていた。実際、極左というには当たらないが、エコロジストの中の都市的ラディカリストが盛んに活動する地域であった。ドイツ共和国連邦（西ドイツ）から、徴兵拒否のためにこの地へ移住してきた人々にも多数会った。

しかし、単に治安の悪いだけの地区ではなかった。そこにはフリースクールがあり、ベジタリアンのためのレストランがあり、運動関係の書店があり（日本のような総合大書店というのはなく、専門書店が一般的である。もちろん他のジャンルの専門書店もあった）、活動家のための理論書や「イエローページ」（さまざまな活動拠点となるスポットを集めた本。アメリカ合衆国の反体制運動の中でうまれ、日本でもすでに同種のものが一九七〇年代はじめに何冊も出版されていた。その市場経済社会でのなれの果てが、消費を推進するために一役買っている「情報誌・カタログ雑誌」であることを思えば忸怩たるものがあるが）が売られていた。もちろん「非暴力」の象徴であるガンディーに関する書籍なども多数売られていた。情報交換の場となるカフェがあり、いくつもの集会所があり、人々はターゲス・ツァイトング（中立系を標榜しているが実際にはオルタナティヴ・リスト／緑の党寄り）を読んでいた。パブがあり、ディスコがあった。そして、外国人労働者向けであろうトルコ人系や韓国人系の店もあった。

私自身が直接見たわけではないが、東ベルリン側から見て壁の外側に当たるごく狭い運河沿いの地域に入りこみ、西ベルリンの警察をからかっている写真なども見せてもらった。この壁沿いの地域は東ベルリンの領域なので、西ベルリン警察は手出しができないのだ。

また「非暴力」といいながら、原子力発電所からの送電線を支える鉄塔を潰しているところの写真も見せてもらった。「男の世界に女の吸う空気なし」と書かれた横断幕を掲げながらデモをする女性たちの写真も見た。

バスで少し中央部に行けば、ノルトラントプラッツがあった。そこでは深夜・明け方までロックのライブが繰り広げられ、またいくつものゲイスポットがあり、私もアメリカ兵から声をかけられた。完全な自立性を持っているとはとてもいえないが、そこにはなにとはいえないが「オルタナティヴ」な雰囲気が漂っていた。

西ベルリンというとこのような都市部のダウンタウンだけを思い描きがちだが、地下鉄の最終駅からバスを乗り継ぎ北へ行くと広大な畑が広がっていた。しかし、そこにも東西を隔てる壁は、風景を遮るように立ちはだかっていた。畑の中を何キロにもわたって横断するベルリンの壁、一種異様な光景でもあった。

当時、西ベルリンは米・英・仏の占領下にあり（すなわち、ドイツ連邦共和国とは関係が深いにしても一線を画した存在であった。そしていくつかの地点にそれぞれ米英仏の境界であることを示す看板が立っていた）、そのもとで西ベルリン市議会がもたれていた。もちろん、オルタナティヴ・リストも市議会へ進出し、三番目の議席数（得票率七・二パーセント・九議席）を占めていた。

クロイツベルクでは街へ出ると、エコロジズム系だけでなく、トロツキズム系、マオイズム系などのニューレフト系と目されるさまざまなチラシやパンフレットを手に入れることも実にたやすいことだった。アパートメントの中ではあるが、なんと中国国民党のリーフレットまで私は目にした。街角ではドイツ語が不自由な僕にも各政治団体は自分たちの政治プログラムをどんどん手渡してくれた。そしてエコロジズム系・ニューレフト系にかぎらず、既成政党と関係のない大小さまざまな集会が多数開催されていた。テーマは、南米社会の支援、女性の権利擁護など、実に多彩だった。デモもたびたびおこなわれていた。さすがに日本語では無理であったが、英語で話すと英語のできるドイツ人が通訳してくれ、ドイツ人もどの程度かはわからないが一応耳を傾けてくれた。驚いたのは、それらを主催する活動家たちのネットワーキングの迅速さであった。集会の決定がなされれば、数日後にはそれが開催される。東京暮らしの経験が長く、日本語も堪能であり、日本の現状を良く知るある女性活動家からは、日本ではなぜひとつの集会を持つのに手間がかかり、ネットワーキングが不整備のままであるのか、ということを指摘された。

ある日、大学のホールでの大規模な政治集会に参加してみた。数百人の若者が集会に参加していた。いい加減なことに、何の集会であったのかは今となっては思い出せないのだが、そこはただ声明が出されるだけの集会ではなく、ロックバンドのギグ（演奏）やさまざまなパフォーマンスもあり、どんちゃん騒ぎの場といってもよかった。大学のホールといっても席があるわけではなく、みなホールの地面に座り込んだり、踊ったりしていた。好きな人の間では、ハッシッシがまわっていた。ホールの壁際にはさまざまな出店が出ていた。食べ物やソフトドリンク、そしてアルコールやその他の飲み物、あるいは政治的な本やブックレット—その中にはバーダーマインホフグループ（俗称、西ドイツ赤軍）のテキストなどもあった—が販売されていた。もちろん、これは日常ではない。疑似的かもしれないが、祝祭空間のような一瞬だったのだろう。既成政治の中での、何かを獲得するためのスケジュール闘争にはない、簡単な言葉では表現できない「情熱」とでもいうべきものにその時空間はおおわれていたのだ。

そして、こういった学生たちに、ハーバーマスやクラウス・オッフェ、あるいはトニ・ネグリなどについてどう考えているかと問うてみても、ほとんど関心がないという答えが返ってくるばかりであった。これは、四章で取り上げたスイスの"bolo'bolo"の著者P.M.に尋ねたときもそうであった。「惑星状労働機械」の組み替えという概念を提議している彼に対し不躾な質問だったかもしれない。しかし、彼ははっきりと、すべては自分たちで考え、この活動の中から生まれていくものだと自分の頭を指で指しながら答えてくれた。多くの人々が共有している考え方は、現状の問題に対する答えは既成の政党や思想の中にあるのではなく、自分たちの中に、自分たちが作っていくものであるということであった。

後で振り返るように、一九八五年という時点は、すでにこういったムーヴメントの盛りは終わりに近づき、多様な市民運動とエコロジズム政党との相互補完的な蜜月時代はその終焉を迎えようとしていた時期だったのかもしれない。一九八三年には底辺民主主義を具現化した議員のローテーション制も崩れつつあった。すでに「緑の党」の大会は当初持っていたハチャメチャさ、ハプニングス性を失いつつあった。見方を変えれば、整然としたものとなっていった。服装こそ違え、既成政党の党大会のようになりつつあった。三〇年以上たった今でも、そこで失われたものを一言であらわす言葉を未だに私は持っていない。ただ、その雰囲気をほんの少しとはいえ体験したものとして、そのおぼろげな輪郭だけでも描いてみようと思い、以下の小論を展開してみよう。

5―2　エコロジズム政党レベルの選挙での浮沈

西ドイツ緑の党、オルタナティヴ・リストは、すでに八五年に短期間ではあるがいわゆる社緑連合を結んでいた（四章でもふれたが、この時点でヨシカ・フィッシャーはヘッセン州の環境大臣に就任。アイロニカルなことに彼はニューレフト経験を持ついわゆる一九六八年世代である）。初期に党の顔であったペトラ・ケリーはすでに一九九二年に故人となり、代わって議員団を率いていったのがヨシカ・フィッシャーであった。

しかしそれ以前に、東ドイツ（ＤＤＲ）から追放され西ドイツ「緑の党」へ参加者したバーロなどに代表されるファンディといわれる「原理派」グループ（ＤＤＲからの参加者という意味ではない）は、誰が「原理派」という特定はできないので統計的数字は出せないが、すでに「緑の党」を脱退している。（バーロは一九八五年六月、西ドイツ「緑の党」ハーゲン大会で一人で離党した。「緑の党」のある種の結集力の弱さは四章でも取り上げた。バーロは一九八五年すでにターゲス・ツァイトゥング紙のインタビューで「緑の党」への失望と批判を表明している）。

しかもドイツは、一九八九年の東欧革命、それに続くコール政権（キリスト教民主同盟・保守系）下での東ドイツの解体とドイツの再統一といった差し迫った現実的政治状況にさらされた。この時点で緑の党は、旧東側の同盟九〇と完全に一体化しておらず、その結果一九九〇年に実施された統一ドイツ後初めての連邦選挙で、旧西ドイツ選挙区域において五パーセント条項を超えることができなかった。四章で取り上げた従来の西ドイツ緑の党は、連邦議会において旧西ドイツ選挙区からの議席を失ってしまった。しかし、旧東ドイツ選挙区では、同盟九〇と緑の党が六パーセントを得票、連邦議会に八議席を送り出すことになった（この総選挙は東西統一後初の総選挙という特殊な政治状況の下、それまでとは若干違う変則的な形でおこなわれた。これには旧DDR地区、そしてその政権政党であった社会主義統一党の後継政党である民主社会党（PDS）への配慮が働いたためである。実際PDSは五パーセント条項を下回る得票率四・四パーセントにもかかわらず四つの直接選挙区で議席を獲得したため、連邦議会に三〇名の議員を送り出している）。その後、旧西ドイツの緑の党と旧東ドイツの同盟九〇の両党は一体となり、「同盟九〇／緑の党」となり、一九九四年の連邦議会選挙で七・三パーセントを獲得し四九議席を得た。さらに一九九八年の連邦議会選挙では六・七パーセントと得票率を若干下げ、四七の議席へと二議席減じた。だがこの選挙でそれまでコール政権下では野党であった社会民主党が得票率を四〇・九パーセントと大きく上昇させ、第一党となった。

ここで連邦レベルで社緑連合が結ばれ、東西ドイツを統合しコール王朝とまでいわれた政権がついに交代した。ここで同盟九〇／緑の党は与党として連立政権の一翼を担うこととなった。首相には、社会民主党のゲアハルト・シュレーダーが就き、同盟九〇／緑の党の議員団長を務めてきたヨシカ・フィッシャーは外相として迎えられることとなった。少数政党ではあるが、同盟九〇／緑の党がキャスティング・ボートを得る結果となった。その後一九九九年には、社会民主党党首でありグリーンキラー（公約に「緑の党」的要素を大いに取り入れ、エコロジストの得票を大いに集めたためそう呼ばれた）と呼ばれ、蔵相を務めていたオスカー・ラフォンテーヌが、閣内不一致を理由に党首・蔵相・議員を辞職するなど、波乱はあったが、それでもシュレーダー政権はヨーロッパ通貨統合というよりマクロな問題をも乗り越えた。二〇〇二年の連邦議会選挙で政権下野を予想されていたが、イラク問題で大胆な政策方針をうちだすことで得票率を若干落としながらも社緑連立政権を維持し、フィッシャーも副首相兼外相をつとめている。この社緑連合は二〇〇五年まで続いた。

イタリアは選挙システムが非常に複雑であり、また少数政党が乱立しているうえ、離合集散が激しい。選挙システムの複雑さの一例を挙げるならば、小選挙区制と比例代表区政の組み合わせなのだが、その組み合わせ方が非常に複雑で、小選挙区の候補者でありながら比例代表制のリストに重複立候補でき、しかもリスト下位であっても個人得票が多ければ比例代表の議員として当選できる。その上に地域主義も強く、言語圏別の地域政党も議席を得ている。また多くの政権が連立内閣であり、しかも短期間で政権が交代することが多い。そのためどの政党がエコロジズム政党であるかと断じることは簡単ではない。

しかも、一九七〇年代末まで「赤い旅団」が力を持ち、九一年にいたるまで西欧最大の共産党を擁する（再建共産党は現在も存在するが、少数政党である）など、イタリア社会固有の政治情勢が存在した。キリスト数民主主義も強く、いわゆる一九六八年世代というのは他の先進国社会ほど明確な形で存在しない。また、市民運動の方も、社会党系や共産党系の労働組合が強いこともあり、市民運動は常に既成左翼と関係を問われるところにあった。それでも産業廃棄物問題などをめぐって環境保護派の市民運動は存在した。

あえて市民運動との関係などから断じるならば、異論もあるだろうが一九八〇年代には、たぶんにパフォーマンス的要素を持ちながらも急進党がその役割を担ってきたようだ。少なくとも当時の急進党の自称がそうだった。今後の判断は難かしいが、現実に一九八〇年代末まで、西ドイツの「緑の党」とよく対比される存在でもあった（初期の西ドイツ「緑の党」にも、現状の政治体制のあり方を批判する意味をこめたパフォーマンス的要素はたぶんにあった）。その急進党の議員団長を務めていたルテッリなどが参加し、一九八九年に誕生したVerdi（「緑」の意味、正式名称はFederazione dei Verdiで「緑の連盟」と訳される）がエコロジズム政党の中心と言えるだろう（地方選レベルではそれ以前から存在し、一九八七年の反原発国民投票では原発が否定されている）。その後、ルテッリはローマ市長となり、新たな運動を起こしながら、一九九九年にはDemocratici（「民主主義者」と訳される）の結党に参加し、二〇〇一年には右派であるベルルスコーニに対する左派の首相候補者となった。この政治経歴から見てもわかるように、ルテッリを単純にエコロジストと断定することは難しい。しかし、「緑の連盟」は左翼中道政権オリーヴの木にも参加し、エコロジストたちが政党を結成し、国政レベルにおいても一定の勢力を持っていることは疑いえない。

フランスでのエコロジズム運動が、国政レベルの選挙に出たのには歴史がある。一九七四年にはすでに、レネ・デュモンが大統領選挙に出馬している。フランスにおいても、エコロジズム政党単独で選挙に出るか、社会党・共産党の既成左翼陣営と選挙共闘を結ぶかでエコロジズム諸政党は揺れた。具体的には、一九八八年の大統領選に出たアントワンヌ・ヴェシテールに代表される既成政党との共闘を拒否し、エコロジストの独立性を保とうとする動きと、ドミニック・ヴァネに代表される「緑の党」の独自性を保ちながらも左翼／社会主義陣営と選挙協力に活路を見いだそうという動きのとの対立である。

一九九三年の総選挙では、エコロジスト全体で七・八パーセントの得票率を得たにもかかわらず、フランス独自の小選挙区という選挙制度のために、議員を出すことができなかった。エコロジズム運動の歴史も深く、早くから選挙に出ているにもかかわらず、フランスでは地域レベルではともかく、国政レベルでの議員を出すことがなかなかできなかった。しかし一九九六年にいたり、フランスの「緑の党」は、既成左翼である社会党のリオネル・ジョスパン党首と共産党のロベール・ユ書記長を夏期合宿に招き、「複数の多数派」という概念を打ち出し、「緑の党・社会党」合意文書を結んだ（ヴェシテールに代表されるグループは「緑の党」を去り、「独立エコロジスト運動」を結成した）。

その合意のもと、一九九七年の総選挙では社会党と「緑の党」の選挙協力があわせて一〇〇の選挙区で成立し（社会党七〇選挙区、エコロジスト三〇選挙区）、六議席を獲得した。国政レベルにおける初の議席獲得である。そしてこの総選挙で成立したジョスパン内閣に、緑の党はドミニック・ヴワネを国土整備・環境大臣に送り出した。

ここで取り上げた国家だけでなく、「緑の党」が政権参加をしている国家はリトアニアに始まり、スロバキア、グルジア、フィンランドなど、ヨーロッパ全体、さらにはオーストラリアなど世界的に広がっている。あまりにも大胆なまとめ方かもしれないが、「緑の党」として結集したエコロジストたちは、それまであまり重視されてこなかった「環境問題」そして「第三の道」を社会的問題として提議した。しかし、それぞれの国家体制などにより事情は異なるにせよ、その後もその独立性を維持しようとするいわゆる「原理派」と、現実政治の中で既成政党・左翼陣営との連携を実験する「現実対応派」に分かれていく傾向があった（もちろんその中で中間派も多様な形で出現する）。しかし、議席数、政権参加という点からのみ見るならば、社緑連合／赤緑連合の方針をとったグループが国政レベルの議会に進出し、政権の一角に食い込んでいくという流れが見て取れる（その過程で、いわゆる既成左翼政党も協定などを通してエコロジー問題を取り上げるようになっていった。ドイツ社民党・党首を務めたラフォンテーヌなどはその代表例としてあげられるよう）。次節では、政権の一角を担うようになったエコロジズム政党がどのような役割を果たしたかを検討してみる。

5—3　エコロジズム政党の実績

環境問題・脱原発などの問題では、大きな社会的変化が起きている。発電の主軸を原子力発電においていたフランスでも、高速増殖実証炉スーパーフェニックスが廃炉、カルネ原発の中止、原子力情報開示法案、エネルギー多様化予算化などが実現された（もっともそれと引き替えに実験炉フェニックスの運転が再開されたが）。ドイツにおいても長期的な計画に基づき全面的な脱原発が決定した。福島第一原発の事故は、それをさらに決定的にした。廃棄物問題においては各国・各自治体で、産業廃棄物はいうに及ばず各家庭から出される廃棄物も分別収集がすすみ、リサイクルが高まってきている。これは経済的にも無理を強いるものでなく、むしろ市場経済に根付いた感すらある。

自動車の排ガス規制はすでに、エコロジズム運動が力を持つ以前の一九七〇年代前半からマスキー法に見られるように対策が始まっていた。その後もこの流れは直線的に進んだわけではなく、ある有害物質を減らせば別の有害物質が増えるというような技術的問題を抱えながらも、さまざまな有害物質を規制する方向で進んでいる。また自動車メーカーも規制に沿う自動車を技術革新によって開発してきた。一九七〇年代に二度にわたる石油危機もあり、ガス・ガズラーと呼ばれる燃費が悪く有害物質を大量に出す自動車は減ってきている（この間、低燃費を売りにする日本の自動車産業が大いに輸出を伸ばし、日本が自動車輸出大国になったことは忘れてはならない）。またドイツでは、緑の党の主導のもとガソリン税を引き上げた。しかし、排ガス全体の総量規制となると、エコロジズム政党は公共交通機関の整備などにより、自動車の使用そのものを減らすように提唱しているが、うまく実現化しているとは言い難い。それでも、現在の自動車産業界はガソリン車・ディーゼル車にかわる次世代車の開発に生き残りをかけて懸命となっている。エコロジズム的発想からというよりも、経済的理由から燃費のよい低公害車が開発されることになった。むしろエコロジズム政党の実績としてあげられるのは、やみくもな高速道路の建設の中止であろう。フランスでは、ドミニック・ヴワネ国土整備・環境大臣のもと高速道路A五八号線の計画の中止、A五一号線計画の無期限延期などを実現している。

もちろん高速道路だけでなく、空港・ダム・運河を初めとして生態系に大きな影響を与える公共事業を初めとした大規模開発のエコロジカルな視点からの見直しも多数なされてきている。

世界的なレベルで見れば地球温暖化問題に対する寄与もあげられよう。すでに一九九二年に国連環境開発会議（地球サミット）がリオデジャネイロで開催され、一九九七年にはＣＯＰ３で、充分ではないかもしれないが二酸化炭素を中心とする温室効果ガスの削減を定めた京都議定書が締結された。

もっともここで、「排出権取引市場」という新たな問題―市場経済の枠組みそのままに、エコロジカルな問題を、その中で解決しようとする―が出てくることとなった。またアメリカ合衆国を中心に遺伝子組み換え作物およびそれを原材料に作られた食品の拒否（主としてヨーロッパ、EUであるが）なども、エコロジズム政党の実績としてあげられるだろう。ただ、これらはエコロジズム政党の力によってのみ実現されたものではない。NGOを初めとした世界中の各種の市民運動の盛り上がりがあって、達成されたことである。しかもパリ協定（気温変動）からのアメリカ合衆国の脱退の表明など、ひとすじ縄では進んでいないのも現状ではある。

今まであげた事例にとどまらず、ゴミ焼却炉の問題（ダイオキシン問題など）を初めとして、環境問題への取り組みにおいては実績を積み重ねている。ただしこれらは、社会全体の環境問題に対する意識の高まりを背景としてなされた。もっとも、その社会意識を高めたのがエコロジズム政党であり、エコロジズム運動であったのだから、鶏が先か卵が先かを問うことになってしまう。ただ言えることは、かつてはあまり顧みられることのなかった環境問題が、大きな政治的イッシューとして社会的に根付いたということだ。

また失業問題についてもエコロジズム政党は、実績を重ねてきている。グローバライゼーションを名のるアメリカン・スタンダードのもと、規制緩和による自由競争・自己責任が強く求められ、現在の不況下の日本の失業率（これは各国で定義が違うので単純な国際比較は不可能だが）は、三パーセントを超えている（若年者の失業率はさらにこれよりはるかに高い）。統計の取り方により違いあるが、日本で就職できないでいる人の数は、二百数十万人とも、四百万人ともされている。従来、ヨーロッパ各国では、失業問題は諸社会民主主義政党が大きく取り上げるイッシューであった。それゆえ、この問題はエコロジズム政党と社会民主主義政党の協定に記されることとなった。フランスでは一九九七年の社緑協定で週三五時間を法制化し、五年間の政権任期内に週三二時間への道を開くことが合意された。そしてまがりなりも週三五時間は実現された。(一企業内レベルのそれではなく)社会的レベルでのワークシェアリングである。さらには、単なるワークシェアリングを超えて、それに関係してくる問題にも取り組んでいる。完全に実現しているとはいえない面もあるが、時短とともに、パートタイム労働に関する取り決め、外国人労働者の権利の問題、職業上の男女平等、障害者の問題、そしてそれらをとりまく問題として、健康保険制度や年金保険制度の改革にも取り組んでいる。移民の問題など難しい問題もあるが、先にも述べたように社会民主主義を含め諸社会主義政党も伝統的に取り組んできている問題なので、エコロジズム政党だけの実績とはいえないが、エコロジズム政党も力を発揮したことは事実である。

他の問題はどうであろうか。たとえば底辺民主主義を考えてみると、かつて西ドイツ「緑の党」が試みていた比例代表制を(逆)利用した議員のローテーション制などは、議員の政治的技量の蓄積がなされないなどの問題があったのだろうが、行われなくなってしまった。反対に、かつてのエコロジズム政党のリーダーのうちの何人かは職業政治家となり固定化され、ヨシカ・フィッシャーに代表されるように政権の要職に就き、重要な政策決定をおこなっている。それは対イラク問題、ユーロの導入に見られるようなEUのあり方、外国人労働者問題、障害者問題、女性問題、老人問題、そのほかの多様でラディカルなカウンター・カルチャーの問題などの取り組みにあらわれているといえよう。

そういった要職に就き政策を決定することが、即、底辺民主主義に反すると断じているわけではない。しかし、それでも一九八〇年代初頭のそれこそ「右から左」までの、「農村部から都市部まで」の多様な市民運動に支えられ、「反政党的政党」を掲げ、ビューロクラシー批判をその中心に置き、誰がリーダーとなるのかさえよくわからない、いつ解党するかもわからないといったような渾然とした情況はすでに過去のものとなった。また、一度、政権与党に参加しても下野することもある。二〇〇二年、フランスでは、ジョスパン内閣が国民議会選挙で大敗し、下野した。緑の党も七議席から三議席へと後退した。すでに同年四月に行われた大統領選挙で社会党のジョスパンは、極右政党「国民戦線(FN)」党首のルペンにすら及ばず、決選投票に出ることができなかった。二〇一七年の大統領選ではFNのマリーヌ・ルペンが決選投票に残るなど破乱もあった。しかし、これまでもみてきたように緑の党の政党としての浮沈は大きく、着実に支持者を増加させるという単純なものでもなければ、平坦な道を進んできたものでもないということは、確かだといえよう。もっとも、「政党としての成熟」といってよいかは、全く別次元の問題である。

5―4 「環境にやさしい」はすでに市場経済の重要なファクター

現在、書店で環境問題を扱うコーナーを見てみよう。有機農業、廃棄物問題、エネルギー問題、水問題、リサイクルの方法、大気汚染、環境ホルモン、環境教育、環境保護に関する法、環境経済などなどをテーマとした書籍が多数ならび、さらには環境問題文献目録といった本からエコロジーをタイトルとした雑誌まで出ている。もちろん、それを全部読破したわけではないが、それぞれの領域で重ねられてきた研究結果や問題への対処の仕方、ノウハウが記されていることだろう。これだけ多数あれば、なかには、むりに「環境」の文字を入れることで手にとってもらおうという本もあるかもしれないが、多くは広義の環境問題に真剣に取り組んだ書籍であろう。(それと比較すると、政治的・社会的エコロジズム・ムーヴメントをテーマとした書籍は少なく、政治学や社会運動のコーナーに細々と並べられている状態だ)。全体としてみても、個別の環境問題に対処する技術や方法はさまざまに開発され、現実のものとなってきているといえよう。

またスーパーマーケットやコンヴィニエンスストア(それらの存在自体がエコロジカルであるか問われるところだが)などで売られる商品にも「エコマーク」がつき、「環境に優しい」、「地球に優しい」ことをそのメリットとして売りに出されているものも多い。それを求める消費者も多数存在するために、商品として開発されたのであろう。こういった種類の商品は、それこそ自動車から洗剤や食品まできわめて多岐な分野に存在している。冷蔵庫は低消費電力になり、自動車は低燃費でしかも安全性を増した。

一九八〇年代初頭から、中性洗剤による水質汚濁、プラスティックの廃棄物として処理の難しさなどが問題とされ、それに対処する製品が開発されはじめてはいた。しかし、品質・コストの問題などから、それらは流通過程にのることは少なく、市場経済にはなじまないものであった。「エコロジカルか、エコノミカルか」と二項対立図式でとらえられたこともあった。

しかし、現在ではこういった商品開発にとどまらず、農産物を主とした産直運動などをも含めて、すでに対立するものではなくなってきている。古紙、ペットボトル、アルミニウム、あるいは自動車の部品などのリサイクルは、完璧とはいえないまでもさまざまな分野で進展が見られる。それらの商品を製作する企業の中であまたの努力が重ねられ、技術開発がなされてきた結果であろう。そのおかげで、快適でありながら、極度に資源を浪費しない生活が達成されたともいえよう。すでに「大量生産・大量消費」そして大量廃棄という図式だけでとらえられる経済構造ではなくなりはじめているということでもあろう。省資源・リサイクルを通じて、資源を大量消費しなくとも、知的労働集約性のもとに、充分に付加価値を高められる時代が到来しようとしているのかもしれない。いま私はコンピュータを使ってこの文章を書いているが、古くて遅く効率の悪いコンピュータであれ、最新の早く安定性の高いコンピュータであれ、消費する資源の量も電力量もほとんど変わらないだろう（そして皮肉にも自由競争もと、その価格は安くなっている）。「ニュー・エコノミー」についてはここでは問わないが、知的労働の集約性により、付加価値を高め、経済成長を成し遂げた例としてあげられることだろう（もちろんその陰で、ナイキのスウェット・ショップ問題にみられるように、依然、南北問題が残っていることは忘れてはならないが）。

こうしてできたエコロジーをうたう商品が市場経済の進展を支えているのが、現状だ。さらにIT化は、資源の無駄遣いをきめ細かくチェックし、省エネルギー化を進めている面もある。すでに資源の枯渇問題は、ローマクラブが早くも「成長の限界」として指摘してきたことである（その推測が当たったかどうか、また当時、推測に使われた統計技術やそれを処理するコンピュータなどが低性能であったという制約が働いていたことは事実だが、ここでは問わない）。資源の枯渇といった要因のみでの市場経済の成長の限界がくることは、いまのところない。もちろん、それは今まで見てきたように、省資源型製品を開発するという技術の進歩、代替資源の開発、社会的レベルでのリサイクルの普及など、さまざまな努力がなされた結果である（だからといって資源を大量消費して製品を作る世界企業がなくなったとか、激減したというわけではない）。

もちろん、それらを全面否定しようというのではない。しかし、あくまでこの市場経済社会、生産力主義の枠内で実現されてきたことなのだ。それは「持続可能な発展」という言葉に集約できよう。しかし、西ドイツ緑の党は一九八〇年代この枠組みを超える主張をしていたはずだ。総意を持って認められたわけではないが、現存していた社会主義や資本主義が基盤としている生産力主義を、インダストリアル・ソサイアティを根本から問い直そうという、ラディカルな、オルタナティヴな経済のあり方については、どれほどの進展が見られただろうか。インダストリアルを工業と訳すならば、経済の先進国において確かに二次産業から三次産業へのシフトは大きくなされた。しかし、インダストリアルを産業と訳すならば、先進国・開発途上国を問わず、ますます世界規模でのマーケットは巨大化する方向にある。産業主義の世界的展開といってもよいだろう。むしろ、この間、オフショアマーケットは巨大化し、ヘッジファンドなどのビッグマネーは、アジアの通貨危機に見られたように小国の経済を吹き飛ばしてしまう勢いである。またEUは先行不透明感があるとはいえ、大筋ですでにユーロへの通貨統合を遂げ巨大市場を形成しつつある。工業製品の生産拠点はアジアや東ヨーロッパなど、比較的労働賃金の安い地域に移転し、先進諸国は三次産業にシフトする。「環境に優しい」製品もそういった地域で生産されているのが現状である（しかし、アメリカ合衆国もフランスも農業大国であることを忘れてはならない。またイギリスはEU離脱を決めている)。

かつての現存していた社会主義国家の崩壊をよそに、拡大再生産する金融資本主義はグローバライゼーションを掲げながら、世界中を跋扈している。その中で、エコロジズム政党が議席数の上で浮沈を繰り返してきたのは先に見たとおりだ。

ワールド・マネーに対し、「地域通貨」は試されているが、始まったばかりの感は否めない。初期に西ドイツ緑の党に参加していた人智学主義者の提唱も、彼/彼女らがおこなっている自由ヴァルドルフ学校(俗称、シュタイナー学校)も大きな力とはなっていない。卒業生でありながら、その形骸化を常に指摘していたミヒャエル・エンデも一九九五年には故人となってしまった。この自由ヴァルドルフ学校について、西ベルリン滞在中に周囲の人に尋ねたときには、一九八五年当時はまだまだ、障害児のための養護学校のようなイメージが一般的であった(その根を探していくと、シュタイナーが若い頃に水頭症の子どもの教育に携わった経験につきあたるのだが)。現在では、卒業が他の公立学校より一年短く、ドイツの学校制度、大学受験システム上、その一年を入学準備試期間に当てられるので大学進学率が高く、受験エリート学校と見なしている人も多い。短期間で学校のイメージが急速に変化してしまった。日本でもシュタイナー学校は認可された。それが悪いと断定するわけではないが、むしろ現状の学校・教育の崩壊を補完する、弥縫策の機能を果たしてしまっているようだ。これも学校制度の「規制緩和」=再編成の一つの現れであろう。

イタリアから起きた「スローライフ」の発想も、考えていかねばならない諸問題を提議しているが、現実には「スターバックス」のコーヒー店が世界を席巻している。イヴァン・イリッチも七〇年代から、

「コンヴィヴィアル」という概念を提唱し、産業化社会に警鐘を鳴らしていたが、その本当の意味での具現化はまだまだである。むしろ、彼の思想全体をとらえるのではなく、教育問題などの領域において部分的につまみ食いして、長谷川三千子のようにネオ・リベラリズムの中に押し込めようとする考え方までも出てきている。そしてこれらの試みが、現状の経済システムに取って代われるかどうかも疑問である。比較すべきものではないかもしれないが、環境汚染などの問題に対する社会意識が変わったほどには経済システムが進む方向は変わっていない。オルタナティヴな経済システムのあり方についても議論はなされているが、その実現という次元ではまだまだである。むしろ、「エコ」ロジーをうたう商品を巻き込むことによって、さらなる拡大再生産を基盤とする生産力主義を、結果的にはであるが、皮肉なことに、さらに強化し巨大化させている側面すら見受けられるのではないだろうか。

5―5　市民運動との関係

四章でも検討したとおり、エコロジズム政党の党員は入れ替わりが激しい。市民運動から出される要求は非常に多様であり、なかには相矛盾するものも存在する。フランスのドミニック・ヴワネ国土整備・環境大臣には、大臣権限ではどうすることもできないものまで多数の要請が届けられた。今までみてきたように、エコロジズム政党としていくつかの実績を上げてきてはいるが、その権限があらゆる社会的領域におよぶわけではない。与党に参加したといってもまだまだ少数派に過ぎない。そういった意味で実現困難な課題を背負ったままである。

市民運動にとって、「反政党的政党」であっても、やはり、議員を有する政党であることにかわりはない。また連立与党として入閣したとしても、ごく少数の閣僚ポストを有するに過ぎない。これらエコロジズム政党が直接に施策・対処できない領域においては、独自のプログラムや政策方針を出すとともに、既成政党との妥協ともみられがちな既成左翼政党との政策協定の締結により、譲歩を引き出している面もある（もちろん、その対価としてエコロジズム政党側も譲歩することがある。この結果としてエコロジズム政党を去っていったものが少なくないことはすでに示したとおりである）。

かねてから、さまざまな市民運動活動家にとって「もう一つの乗り物」として、位置づけられた政党の状態に大きな変化はみられない。危急の政治的イッシューがあるかどうかで得票率が激しく上下するところは、今までみてきたとおりである（二～三パーセントの上下とはいえ、得票率一〇パーセント未満の政党にとっては大きな変動である）。さすがに全議席を失う危機に直面するような小政党ではなくなりつつあるが（綿密に地方議会までみるならば大敗を喫している議会もある）基礎票を確実につかみそれだけで議席を獲得しているという状態ではない。あいかわらず、党員ですら党へのロイヤリティが高くはない。かつての各国の社会党や共産党がそれぞれの独自の得票基盤をがっちりと押さえていた状態とは、好対照である。

たしかに議会内政党として議席数を確保するという面からみれば、脆弱性のあらわれと見えるかもしれない。しかしこのことは逆に、エコロジズム政党が各市民運動グループを拘束することなく、その自律性をむしばんでいないとの見方も可能である。全くないとは言い切れないが、党内にビューロクラシーが確立していない、あるいはこれも逆の言い方をすれば、固定化させていないとみることもできる。

今後、得票率がどうなるかはわからないが、今まで見てきた結果からも、近々に大政党になり単独政権を打ち立てることはないだろう。繰り返しになるが、市民活動家にとってエコロジズム政党はそれぞれの要求を実現するための「もう一つの乗り物」であって、議会や政権参加がすべてではない。市民活動家は少数派であっても、自律性を持ち個々の要求を実現することをより優先する。この観点からはエコロジズム政党も、比較的には市民活動の要求を真摯に受け止めてくれ、各市民活動の自律性を損なわない存在であるとはいえ、既成政党同様ひとつの政党であることにかわりはない。初期の頃に一部で実現しえた熱き連帯の復活は難しいものとなってしまったといえよう。それが間接民主主義を前提とした議会内政党の宿命なのかどうかはここでは問わないが、一定の距離をおいた存在として市民活動家の目には映っているようだ。現在では世界規模のネットワークも決成されたのだが。

たとえその政治家のキャリアがＡＰＯ（Außer Paramentarishe Opposition ＝議会外反対勢力）の流れから始まっていたとしても、五月革命世代であったとしても、現在では、職業政治家として見なされているのが現実のようである。

5—6　反グローバライゼーションの抵抗拠点

しかしエコロジズム政党は、単に今までの既成の政治地図の中にもう一つの選択肢をあたえるだけの存在でしかないというわけでもない。現在進みつつある金融を中心としたグローバライゼーションという名のアメリカン・スタンダード—巨大資本の論理といってもよいだろう—の押しつけに対する反対勢力を、議会内において代表している存在であることは見逃せないだろう。"Think global, act local"を掲げる多様な市民運動にとって、エコロジズム政党は、逆に重要な意味で「もう一つの乗り物」として機能している。農業分野における遺伝子組み換え食品の拒否などによくあらわれているといえよう。もっとも、その中に、アメリカ合衆国中心主義へのヨーロッパ側からの（左右・緑を問わず）反発を見つけ出すことは難しいことではない。とりわけ国家間の戦争といった生々しい問題においてはそういった側面もあることだろう。

アメリカ、ファーストと言う言説が出てきても、温暖化ガス排出規制の問題やワークシェアリングの問題にみられるエコロジズム政党の政策は、反アメリカ合衆国のための反対ではない。グローバリズムでもなく、ナショナリズムでもない、文字通りオルタナティヴな方針を提出している。

またEUという巨大国家連合内においても、たとえばフランスの緑の党は、中央集権的なものではない、現状の国境線を取り払った上での地域圏の創出という提議をしている。もちろんEUの存在自体が、ヨーロッパ（しかも先進国）中心主義ではないかということ自体もラディカルに問い続けながら、このような政策を打ち出している（EU議会内でもエコロジズム勢力は一定の力を持ち、議員を出している）。しかもそれは、温暖化ガス排出規制の問題によくあらわれていたことだが、（欧米日といった）先進国主導のそれではなく、開発途上国の立場、いいかえれば南北問題をも視野に入れた政策提言である（アメリカ合衆国は「発展途上国が削減・抑制目標をもたないのは不公平」と、パリ協定からの離脱を言っている）。

四章を記してから、本章を記した時点ですでに一五年の月日がたつ。その中で、エコロジズム政党はマクロな政治情勢の中で揉まれ、浮沈を経験してきた。その歩みは決して直線的なものではなかった。またそれだけの年月を経ても、さまざまな努力や提言はなされているにせよ、生産力主義、さらには間接民主制にかわる、かつて「第三の道」とよばれたような固有で具体的な価値を未だに確実に提示できているとは言い難い。パレスチナ問題のように、エコロジズム政党も明確な指針を出しにくい領域もあまた残されたままである。もっと記すならば、議会内政党であってよいのかという結党以来の問題を引きずっているエコロジズム政党もある。

これらの問題は一筋縄で解けるものではなく、長期間の思索と議論を要するものであろう。さらに現在は政権与党にいるエコロジズム政党も、先にフランスやドイツのケースを示したように下野することもあるであろう。しかし、だからといってエコロジストたちがこの間提議してきた議論が全く無駄であるということにはなるまい。エコロジズム政党が、本当の意味で発展的解消する日が来ないともかぎらない。しかし、一九八九年までは東西冷戦下のもとで、それ以降は巨大なアメリカ合衆国の影響下で模索されてきたオルタナティヴなありかた（生産力主義や古典的間接民主制へのラディカルな問いかけ）が歴史的に全く意味を持たないものとなることはないであろう。あまり適切な表現ではないだろうが、二一世紀の世界秩序をどうするかをも含めて、あらたな固有の価値を着実に提示していく道を、ネオ・コンサヴァティヴか社会民主主義かという選択肢でもなく、またすでにみてきたように政党としての浮沈のレベルとはまた別な次元において、エコロジズム・ムーヴメントは一概に否定できない可能性をいまだ孕んでいると考えられるのではないだろうか。

■参考文献

A・ドブソン、松野弘監訳『緑の政治思想』ミネルヴァ書房、二〇〇一年
ルドルフ・バーロ、増田裕訳『東西ドイツを越えて』緑風出版、一九九〇年
ハンス・カール・ルップ、深谷光雄、山本淳訳『現代ドイツ政治史』彩流社、二〇〇二年

第六章

教育と「病気」の語られ方－思春期前後の若者をめぐる言説から

本章は思春期前後に起こりやすいとされているいくつかの「問題」、スチューデント・アパシー、不登校、ひきこもり、ニートなどが、「医学的」「教育学的」あるいはその他からどのように語られ、総体としてどのようなディスクールを生成していったかを見ていく一考察である。

これらの諸問題が、どうして社会問題として形成されるのか。そういった社会「問題」に対し、「善意」に駆り立てられながら、解決への道を模索しようとする人がいる。しかしその行為が逆に「問題」の所在をずらしてしまうことがある。それにあたって、経済社会学者であるナイジェル・ドッドのネオ・リベラリズムに対する考察を参考にしたい。「国家機関は、国民国家システムの枠内でもコントロールできる国際金融システムを主に再成しようとしてきた」と議論の中心を金融システムにあてているが、この議論の焦点を教育にあてはめなおし、教育におけるネオ・リベラリズム＝見せかけの規制緩和、その実、ルールの変更と再規制・再編を考察しようというものである。

思春期前後の諸問題に対して、教育関係者、精神科医を中心とした医療関係者、あるいは民間の（ボランティア）諸団体が全く何もしてこなかったわけではない。いや、それどころか、二〇世紀後半の、そして二一世紀にいたる現在までも日本で、少なくない人数の人が、これら諸問題に対し、「善意」からその解決策をはかろうとしてきた。それは事実である。しかし、それは功を奏したであろうか？一側面、一側面を取り上げてみれば、たしかにうまく機能したことがあるのは間違いない。特に現場にあって不登校をはじめとした「問題」に取り組んできた営為に対しては敬意を払わざるえない。にもかかわらず、この近代社会は、それが作り上げてきたシステム、それ自身が生み出してきた問題に数多く当面している。イリッチの指摘をまつまでもなく教育、医療、福祉をはじめとして、よきものとして観念され、社会の「発展」のために必要不可欠であり、進めていかなければならないと思われているものが、あたかも自家中毒のように、あちらこちらで軋みを発生させている。たとえば、不登校であり、いじめであり、社会的ひきこもり、ニートであったりする。

現今、大きな議論が進行中である「発達障害」、それに深く関係する自閉症、さらに違った角度からはいじめ、そして精神医療総体のあり方が問いなおされる必要があろう。このように考えていくとイリッチの「制度スペクトル」（操作的制度と「相互親和」的制度（convivial institution））が想起されよう。本稿においてもイリッチが提唱した「学校化」「病院化」の概念にそって考察していくところは少なからずある。また教育、医療を、外部からの「暴力」とみなす考え方にも検討されなければならないだろう（たとえば、健康増進法は、善である「健康」であることを国民の義務として強制する「暴力」である。もちろんここで言う「暴力」、外部からの強制をおしなべて否定するものではない。あえて大胆に言うなら教育、医療などなども、暴力的なそれらがあるというだけでなく、それ自体暴力である）。不登校、社会的ひきこもり、「発達障害」、そしてさまざまな精神障害を通して「病気」がどのようにして社会的に作られるか、さらには社会の側の在り方がどうなっているのかという考察に進んでいかなければならないことであろう。

ここではつぶさには取り挙げないが、ＤＳＭ（アメリカ精神医学会編：精神疾患の分類と診断の手引き Diagnostic and Statistical Manual Disorders）ではⅡまで同性愛を「病気」としていた（完全になくなるのはⅣ）。また精神医学の範疇ではないかもしれないが、左利きは「矯正」の対象とされた（いまでもなくなっていないかもしれない）。すべての病気が相対的に決定されるとするのではない。しかしある種の「病気」はそれを語るディスクールの中で形成されてきたことも間違いない。本稿はそのような大きな問題意識に沿うものである。また、社会の三次産業化（二次産業から三次産業へ）という社会的背景についても顧慮されなければならない。しかし、本稿では基本的には東京大学附属病院の「医療と教育を考える会」やフリースクールにおいて、筆者が実地に体験した事実をも念頭におきながら考察を進めたい。

先にあげた論点が誰によってどのように論じられ、どのようなことが明らかにされたか、あるいは逆に隠されたかを考察していくものであり、ＤＳＭなどによる医学的診断の是非を問うことに主目的とするものではない（もちろんそういったことを全て棚上げにし、放棄しようとするものでもない）。そうではなく、診断名がつけられ、あるいは別のカテゴリー（診断名であったり、そうでない場合もある）に移されなおすことで、当事者および周囲の人々（家族であったり、学校関係者、医療関係者であったりする）が社会的にどのように見られるようになったのかを考察することに主眼を置きたい。

論者によっては精神医学（精神医療ではない）の存在そのものを疑う議論もあるが、それは問わない。

体系づいた「学」ではなくとも「医療」はありうるのかもしれない。そしてそれらが「善意」によってなされたものだろう。しかし、またそうだからと言ってそれらがすべて正当化されるものでもない。それは精神外科手術、たとえば臺弘の手による人体実験の例などを挙げれば充分であろう。

6―1　スチューデント・アパシー

まずはスチューデント・アパシーについて見ていくことにしたい。しかし、最初に取り上げるからといって、スチューデント・アパシーが、不登校の源流である、あるいは不登校の前史をなすものであるという観点をとるものではない。また逆に、またなんらかの関係があることを否定するものもない。強いて言えば「病理」が発生したとされる時代順に見ていくということである。まずここでは、スチューデント・アパシーという概念がどのように形成され、その言説によってどのような力動が働いたのか考察していくことに主眼を置きたい。

この概念はもともと「学生のアパシー」として、P. A. ウォルターズ、Jr.によって、『学生の情緒諸問題』において提唱されたものである（一九六一年、邦訳は一九七五年）。日本においては、笠原嘉により「大学の長期留年者中に稀ならず見出される「特有の無気力現象」について」（一九七一年）以来いくつかの報告が出されている。そして笠原は、『アパシー・シンドローム』（岩波書店、一九八四年）および「退却神経症という新カテゴリーの提唱」（中井久夫・山中康裕編、『思春期の精神病理と治療』、岩崎学術出版社、一九七八年）の中で、岩井寛・天木宏・伊丹明の「新たなる不登校現象の症例と理論」を受けて「その中に記載されているケースはすべて筆者流にいえば退却神経症ないしスチューデント・アパシーである」としている。スチューデント・アパシーが不登校の上位概念になるのか、ならないのか、はたまたそれらが精神医学的な疾病概念として考察してよいものかということについては、ここでは問わない。

笠原によれば、この著書以前にも「小此木啓吾、西園昌久、西田博文も現代青年にみられる無気力について考察を行っている」が、この「三人の場合は精神分析家らしくエリクソンの言うアイデンティティ形成の障害という非常に大きなカテゴリー中の一現象として輪郭をあきらかにしようとしているものである。（ちなみに『学生の情緒諸問題』の序文はE．Hエリクソンの手によるものである）。それに対し、笠原は「無気力反応とかアパシーに代わるより構造的な名称として「退却神経症」（withdrawal neurosis）あるいは今少し説明的に、「部分的（あるいは選択的）退却反応」（partial(or selective) withdrawal reaction）の名を提唱しよう」としている。そしてそれは「不安神経症や強迫神経症や抑うつ神経症やヒステリーと並列されるべき新しい神経症の類型の名称」であるとしている（なおDSM－Ⅲ、一九八〇年、以降は、「神経症」（neurosis）概念は解体されている）。そして笠原はその病理学的特徴として「（1）（病前）性格における強迫的傾向」「（2）優勝劣敗への過敏さと本業部分からの退却」「（3）アイデンティティ葛藤と進路喪失」「（4）部分的退却というダイナミズム」「（5）うつ病との関係」を挙げ、アパシーと抑うつの関係について「（一）退却症（準神経症的段階）／（二）葛藤反応型うつ病の一型としての退却型うつ病（神経症段階あるいは軽い精神病の段階）の二段階を挙げている。当時は精神病が重症、軽症のものは神経症とされていた（この診断基準は前述のように、DSM－Ⅲでは否定され、現在では「神経症」という概念は使用されることはほとんどない)。

「退却神経症」(withdrawal neurosis)あるいは「部分的(あるいは選択的)退却反応」(partial(or selective) withdrawal reaction)について要約してみるならば、期待される社会的役割から選択的・部分的に退却するありさまを示し、社会適応に挫折し、抑うつ状態となり退却などの行動化を伴うが、みずから救いを求めたり、病院を受診したりすることは稀といえる。また本業以外の生活部分では今まで通り活発に行動することから部分的(あるいは選択的)と言われる。学校や会社を休んでも副業などでは旺盛に活動することが出来ることがある。不登校なども重なる部分が多いが、外形からみられるような単なる「怠け」(truancy)の逃避ではないということになる。

そして笠原は、『アパシー・シンドローム』の第三部を「無気力からの復路のために」にあてている。ちなみに同書の第五節を「高校生の登校拒否」に笠原はあてているが、後にみるようにいわゆる「登校拒否症」論争に大きな影響を与えた形跡は見て取りにくい。

笠原に「治療」する、「なおす」(免疫などで個体自体が「なおる」とは異なる意味で用いる)、という志向性があることは疑いえない。しかし一方でこの『アパシー・シンドローム』を、「気にかかるといえば、基底にあってアパシー・シンドロームの構成にかかわっているであろう社会的文化条件」(引用者注、学生運動の衰退と「シラケ」という気分の横溢かと思われる)が、笠原自身の「個人心理療法のリーチのかなたにあるという事実の方が、もっと大きい。たとえば、われわれは強迫パーソナリティの治療を考えることはできても現代社会の文化的強迫性の次元に何らかの改変を加える力をもたない。本書の序文でも触れたが、今日強迫パーソナリティを多産させる背景に文化的強迫性がもしあるとしたら、前者のみにかかずりあう一対一的作業にはいささか空しさがないでもない。」さらに「もっと広くいわゆる「文化的アパシー」にまで問題意識を拡げるなら、その対策は文化や社会の次元のものでなければならないのは自明のことである。」と結んでいる。

ここには石川憲彦が「医療の個人化」を明確に懸念しているほどではないにせよ、（精神）医療、なかんずく個人心理療法がなしえない部分、「リーチのかなたにある」ものへの配慮、あるいは懸念が読み取れる。

そして一九七〇年代に起きてきた「重工業から情報産業へと変化していく激動の過程」の中で「隙間産業として急成長した精神心理産業が重要な役割」を果したとする石川憲彦の指摘が大きな意味を持つ。ありていに書いてしまえば、二次産業中心の社会から、三次産業中心の社会への変貌にしたがい「病い」が示す様相がどのように変容したのか？　それについて、次に「不登校」をめぐる言説を読み解くことで考えていくことにしたい。

6―2 「不登校」という現象

まず「不登校」の前史を抑えておきたい。古くは「怠学（truancy）」としてとらえられてきた中に、「不登校」はあった。それは、一九四一年にアメリカ合衆国のA・M・ジョンソンが学校恐怖症（school phobia）として報告されたことに始まる。日本においても一九五〇年代末から一九六〇年代初頭にかけて、いくつもの「症例」が報告され始める。少しこの概念について詳しく見ていくならば、森田洋司は「登校拒否」という概念と「不登校」という概念を次のように関係づけている。

「登校拒否」の概念は主として精神医学や臨床心理学からのアプローチの中で用いられることが多く、その研究史の源流を「学校恐怖症」という精神疾患研究に求める。それに対し、登校拒否が単純な規制や精神疾患だけで説明ができないことが明らかになるにつれて、原因論も本人の性格特徴や親の養育態度。親子関係だけでなく、学校の状況や社会的要因にまで拡大され、研究分野も多様な学問領域に広がるアプローチが試みられるようになってきた。「不登校」の概念は、こうした研究領域の広がりに伴う研究対象や原因の拡大の中から生まれてきた概念である」(中略)として、「あえて、「登校拒否」と「不登校」との両概念を併用するとすれば、「不登校」を「登校拒否」よりも広義の上位概念として位置づけ、精神疾患以外の多様な形態をも包摂し、登校不能「状態」を指す用語として用いることが妥当である」としている。

文部省(現文部科学省)の見解はややことなるかもしれないが、おおむね森田の定義が妥当でないかと考えられる(ただし、注意しておかなければならないことは、稲村博が定義する「登校拒否症」は、「登校拒否」とはことなる概念であることである)。

今、少し、「不登校」をめぐる歴史に目をやってみることにしよう。文部省(現文部科学省)は一九六〇年代半ばに『学校基本調査』の「理由別長期欠席者数」の中に「学校嫌い」を理由とする欠席者数を統計にのせている。

やや時代が下る。その間、議論がなされなかったわけでもないし、さまざまな関係者による努力がなかったわけではない。学校の問題としては、「管理教育」の問題が問われたりもした。しかし、日本で「不登校」が教育あるいは医療において注目されるようになるのは一九八〇年代になるころからである。

ここで高岡健が示す登校拒否の〈精神医学化〉、あるいは〈偽精神医学化〉、〈もうひとつの精神医学化〉について見ていきたい。

高岡の見解は以下のようなものである。

〈精神医学化〉とは、不登校を神経症の一種と考える立場であり、ある範囲では有効だったが、のちに「不登校は疾病か？」という疑問や、「不登校は学校病理に対する異議申し立てである」という立場によって超えられた。

〈偽精神医学化〉とは、不登校を放置すれば無気力症になってしまうという理論ならざる理論により、子どもたちを閉鎖病棟へ強制入院させていった筑波大学の故・稲村博助教授や、不登校あるいは精神障害は脳幹が脆弱だから生じると主張した戸塚ヨットスクールの戸塚宏校長といった人々に代表される考え方である。

〈もうひとつの精神医学化〉は、ＤＳＭ－Ⅳなどのマニュアルにより、不登校を細分化して診断する立場を指す。

このカテゴライズについては、いくつかの見解もあるかもしれないが、この高岡の分析は極めて示唆に富むものであるので、以下、この分析を詳らかに見ていくことにしたい。

いわゆる「戸塚ヨットスクール事件」が表面化したのは、警察が傷害致死の疑いで、戸塚ヨットスクールを捜査した一九八三年。その前年である一九八二年にノンフィクションライターの上之郷利昭が戸塚ヨットスクールに取材した『スパルタの海』（東京新聞出版局、一九八二年）が出版され、翌一九八三年には映画化され公開される予定であったが、『学校解放新聞』（一九八三年創刊）など各界の反対により中止となっている。戸塚ヨットスクール（当初は「オリンピックで通用するような一流のヨットマンを育てる」という建前であったが、開設翌年には、問題行動を繰り返す青少年の矯正を行えると、自称するようになる）が、始まったのが、一九七六年である。そして一九七九年以来、少なくない死者をスクール生の中から出している。

それに対し、稲村博が不登校に関する著作をあらわすのは一九八〇年になってからである。稲村はそれまでは一九七三年にいのちの電話精神科面接室を設置するなど自殺に対する取り組みを中心に活動している。たとえば『自殺学—その治療と予防のために』（東大出版会）を一九七七年に上梓している。さらには『眠らぬダイヤル—いのちの電話』（新曜社）を一九八一年に編著している。そして不登校についての最初のまとまった著作である『登校拒否—どうしたら立ち直れるか』（託摩武俊・稲村博編、有斐閣、一九八〇年）でも、稲村は「自殺と登校拒否」を著している。

やや仔細な文献探索となってしまったが、示したかったのは、非専門家である戸塚宏が代表をつとめる戸塚ヨットスクールの方が、稲村博ら精神科医が「不登校」（戸塚の場合、「アトピーや喘息、出勤・

登校拒否、引きこもり、癌なども、脳幹を鍛えることによって克服できる」と何が不登校で何がそうでないか、あまりにも混乱しているので、整理は不可能だが）に関心を向けるよりも先行していたということを示したかったからである。もちろん、その間、精神医療の専門家によるアプローチがなかったわけではない。平井信義『学校嫌い』（日新報道出版部、一九七五年）、や、小泉英二編『登校拒否―その心理と治療』（学事出版、一九七八年）などが挙げられよう。しかし、当時は笠原嘉・山田和夫編『キャンパスの症候群―現代学生の不安と葛藤』（弘文堂、一九八一年）という問題群が注目されていた。

長々となってしまったが、つまりは、高岡が〈偽精神医学化〉として同一カテゴリーに分類してしまっている門外漢である戸塚と、それまでは多方面で活躍していた稲村との間にもう一つの線引きがあるのではないかということを示そうとしたのである。

そのようにすることで、可能性としてではあるが、非専門家による「非（精神）医学的」な問題のある（多数の死者を出している）取り組みを、（精神）医療の「専門家」が「正しい」取り組みで超えようという図式が描けるかもしれない。ただし、（精神）医療の専門家が正鵠を得ているかといえば、高岡が「理論ならざる理論」と切って落とすように、はなはだ疑問である（いくつかの例を挙げるならば、稲村は「心の絆療法」などと称しているが、実態としては、高岡も指摘するように、本人の同意も得ない、違法な強制入院であったりする。（違法であるという）側面からいえば、高岡が〈偽精神科医学科〉としてひとくくりにカテゴライズしたように、まとめるのも正しいといえよう）。

そして一九八〇年代、稲村は「登校拒否」へのコミットメントを深めていく。その代表作を挙げてみるならば、『思春期挫折症候群』（新曜社、一九八三年）そしてその続編と稲村が位置づけている『登校拒否の克服―続思春期挫折症候群』、（新曜社、一九八八年）などがそれである。この『思春期挫折症候群』に強制入院のさまが記述されている。たとえば「いくら家族が説得しても無理なので、父親と本人の兄が、父親に手伝ってもらい、車で病院に連れてきた」「本人は（中略）抵抗したが、大人が大勢きた気配に押されて、（中略）病院にやってきた」あるいは別のケースで「直ちに入院による治療に踏切ることになった。しかし、本人は絶対に応じない。（中略）本人はいつも昼過ぎまで寝ているから、早朝に注射して眠っている状態で連れていき（中略）近所のかかりつけの医師に適当な注射をこちらから連絡してお願いした（中略）これは忠実に実行され、両親が車に乗せて本人を連れてきた。そして、そのまま入院となった」（同書）もちろん、この強制入院は、人権を侵害するものとして、日本児童青年精神医学会を初めとして各方面で、強く批判されることになる（石川、高岡ら）。

また小さなことかもしれないが、稲村は「生活療法を中心に行っていく」と生活療法を積極的に進めていくことを記している（『登校拒否の克服』）。つい読み流されてしまうかもしれないが、この「生活療法」は日本精神神経学会などで、すでに大きく問題とされてきたものである（立岩真也、「生活療法を巡って」、『造反有理』、青土社、二〇一三年）。日本精神神経学会はこの「生活療法」に対し一九七二年に「「生活療法」とは何か」というシンポジウムを開催し、批判をしている（代表的批判者としては、富田三樹生、小沢勲などがいる。詳しくはhttp://www.arsvi.com/w/oi02.htm）。すなわち、「生活療法」は、人権を侵犯する生活指導を含むものとして、すでに強烈な批判を浴びたものであったことをおさえておきたい。

稲村の言説とほぼ時を同じくして、もうひとつの大きな流れが起きてくる。国立精神・神経センター国府台病院児童精神科医長渡辺位の手による『登校拒否ー学校に行かないで生きる』、（太郎次郎社、一九八三年）がその始まりである。渡辺は、不登校児の母親の個人面接に変えて集団面接をおこなうが、その実践の中で（母）親の会（たとえば国立国府台病院のなかにあった「希望会」など）や「登校拒否を考える会」が形成されていく。渡辺のこの本の筆者のひとりとして奥地圭子の名前がみられるが、彼女を中心として一九八五年に「東京シューレ」が設立される。

この動き、上述の通り、精神医療の「専門家」を排したものではないが、その範疇を離れ、不登校児当事者の「（母）親」の会という形をとる。（精神）医療からの言説か、あるいは、教育からのそれか、その違いについてこの角度から仔細にそれを問うことはあまり意味が見いだせないし、ことの本質を取り違えることにもなるのでここでは問わない。それでも、高岡の言葉を借りるならば、「「不登校は疾病か？」という疑問によって超えられた」代表例としてとらえられるだろう。それは「治す」ということへの疑問である。「多くの機関でとられている態度は、登校拒否を治すとは学校へもどすことだというものです。四、五年前は、首に縄をつけてでも行かせなさいという対応が多くありました」（奥地圭子、『登校拒否は病気じゃない―私の体験的登校拒否論』、教育資料出版会、一九八九年）あるいは「病院によっては、登校拒否をよく理解しておらず、大人の精神医療と重ねて考え、薬づけにしてみたり、入院させたりします。閉鎖病棟に入れないと治らないという助言を親に与えるところもあって、だまされて病棟に入れられ、子どもが親に不信感をもってしまい、いまでも対立している例もあります。専門家とよばれる人々でさえそうです」同書）と記されている（ちなみに奥地は元小学校教諭）。この精神医療の専門家が稲村博（いのちの電話での活動にもみられるように―子どもの自殺が大きく問われるのは後年のことである―、彼を「大人の精神医療」に携わる者としてみなしてよかろう）を直接にさすものか、この病院が稲村が『登校拒否の克服』に記している「Kクリニック」（当時、稲村が関係していたクリニックということから、「北の丸クリニック」と推察される）をさすものか、その証左を追いかけようというものではない。それでも、不登校の当事者の周囲にいる母親の側からの、（精神）医療の専門家への批判として読むことにあやまりはないはずだ。

その後はどうであったか。いわゆる「病気」とはなにか（ある意味で根本的な問題ではあるが）ということをおくならば、文部科学省は一九九二年に不登校を、「誰にでもおこること」（であるから、誰もが気を付けて警戒をおこたってはならないという意味ではなく、誰にでもおこることなので特にかわったことではないという意味である）いう見解を示し、紆余曲折はありながらも「東京シューレ」やそれも加盟する「登校拒否を考える会全国ネットワーク」を「公認」する動きへと転じていく。その中で二〇〇七年には東京シューレを母体として「私立東京シューレ葛飾中学校」が設立されていく。その後の経緯については八章「間違いだらけの不登校対策法―ネオ・リベラリズムと「再規制」」に後述する（ネオ・リベラリズムとルール変更による「再規制」については、本章の冒頭に記した通りである）。

その動きを理解しないわけではないし、間違いだと論じるつもりはない。「東京シューレ葛飾中学校」が、ある観点からは、従来の学校より、よりよいもの、皮肉るのではないが、よりましな学校、であるのはそうだろう。しかし、I・イリッチがかつて論じた「脱学校化」という観点からみると違った側面が見えてくるのではないか？　一度、栗栖淳の「脱学校化への志向」（高岡健編、『学校の崩壊』、批評社、メンタルヘルス・ライブラリー9、二〇〇二年）に目を転じてみよう。あまりにも当たり前すぎて、失笑を買うかもしれないが、「私立東京シューレ葛飾中学校」も二〇〇六年に東京都に（当時の都知事は石原慎太郎である。彼は―ヨット仲間としてかもしれないが―過去に、戸塚宏を応援していた）に認可された私立学校である。いわゆるれっきとした「一条校」である。それは何を意味するか。深読みをすれば、従来の「学校」は、不登校児たちを排除してきた。しかし、それは行き詰まりを見せたので、（栗栖論文では「チャータースクール」が俎上にあげられているが）、排除ではなく、さらに大きな枠組みで子どもたちを囲い込むルール変更による「再規制」になりはしないかという懸念が残る。学校という制度がどのようにして日本社会全体を、といって悪ければ、教育全体を覆っていったかは、本書一章「どうして子どもは学校に行くのか」で検討したとおりである。

ざっくり言えば、行き詰った学校制度を再編する教育制度への道が開かれたということだ。そしてそれは、無批判には肯定できないものである。再編の過程で取り込み可能であった子どもと、そうでない子どもというように分断線をずらしただけでは栗栖論文にある「脱学校化」とはずれが生じてしまうのではないかという懸念を払拭できない。これについても詳しい検討は本書第八章「間違いだらけの不登校対策法―ネオ・リベラリズムと「再規制」」でおこなう。もっともこの制度化(institutionalization)への兆しを「東京シューレ葛飾中学校」の設立とするのは不適切かもしれない。その前にフリースクールの「スタッフ養成講座」が始められたそのときこそ、institutionalizeの始まりだったのだろう。自分たちが弱者であるという「被害者」意識（当初においては事実だったことだろう）をそのままに、制度に取り込まれたのちもスタンスをかえないというのであれば、善意は疑えないにしても、その構造はかつて稲村博が歩んでしまった道に相似形を見いだせてしまうのではないだろうか（おそらくではあるが、稲村にしても善意からの言説であったはずである）。そして、それはルール変更の規制緩和と「再規制」、すなわちネオ・リベラリズムに他ならない。

6—3　「社会的引きこもり」というディスクール

この論争を受ける、あるいは引きずる形で、起きてきたのが「社会的ひきこもり」をめぐる論争である。ざっくり概要を見てみよう。まずは稲村博の弟子と自他ともに認める斎藤環が『社会的ひきこもり—終わらない思春期』（PHP新書065、一九九八年）がその嚆矢である。当然のことながらサブタイトルにもあるように「思春期」の「病理」への関心を師匠である稲村博から引き継いでいる。それ自体は、何らおかしいことでもない。しかし、師匠である稲村とことなる点は、さらに広い範囲をおおう「社会的ひきこもり」という概念（診断名ではない）を提唱したことである。不登校であれば、その正確さは問われるにしても、文部省（現文部科学省）が実施している「学校基本調査」により、数値化されており、おおよその（あくまでおおよそではあるが）傾向を見て取ることは不可能ではない。それに対して、「社会的ひきこもり」は、定義（これについては後述）は示されているものの、斎藤自身「確信的はったり」という冠飾詞をつけながらも、「社会的ひきこもり」にある人たちを、あちこちで一〇〇万、一五〇万というように述べている（もちろん、この数字は、はなはだ信憑性に乏しいものなのだが、不登校者は定義のしかたにもよるが、当該年齢別人口の一％前後かそれ以下、実数にして一〇万人余—一五万人には届かない—であるのに対しはなはだ大きい数字である。内閣府の推計によれば約六〇万人）。数だけでいうのは全く不適当であろうが、「不登校」を上回る「社会問題」であるとの含みを斎藤は記したいのかもしれない。

あるところでは不登校を風邪、ひきこもりを肺炎に喩えている。

さて、周辺を探ってみただけでは、論は進まない。まずは提唱者である斎藤の「社会的ひきこもり」という言葉（診断名ではない！）の定義を、すでに三章で見たが、再度見てみることにしよう。

「二十代後半までに問題化し、六か月以上、自宅にひきこもって社会参加をしない状態が持続しており、ほかの精神障害がその第一の原因とは考えにくいもの」（『社会的ひきこもり』）

なるほどと思わせる定義かもしれない。しかし、ここには斎藤が意識してか、あるいは無意識にか巧妙なレトリックが持ち込まれている。

まずは、前に示したように、これは「言葉の定義」であり、診断の定義ではない。つまりは「医療化」を巧みにさけているのである。ひるがえって、師匠である稲村博の「不登校」への言及のしかたを見てみると、「中核をなす登校拒否のことを（中略）登校拒否症と呼ぶ（中略）内容的には学校恐怖症とほぼ同じ」（『登校拒否の克服』）と明らかに（精神）医療化している（「登校拒否症」は、シンドロームを意味する診断名である）。それゆえこれを巡り、奥地圭子らと「病気」であるか、ないかという次元での論争が引き起こされたのは先にみたとおりである（それが問題の本質かどうかという議論はここではおく）。

この次元での論争を巧みに回避する用意ができている。しかし、診断基準ではなく言葉の定義でありながら、精神障害の診断との関係を念頭におき、「精神障害がその第一の原因とは考えにくいもの」ということになる。

「六か月以上」ということについては、「ＤＳＭ－Ⅳ（引用者注：アメリカ精神医学会編：精神疾患の分類と診断の手引き　第四版 Diagnostic and Statistical Manual Disorders Ⅳ）などで用いられる、精神症状の持続期間としての、一つの単位」と斎藤自身が同書で解説している。病名でないものにDSMの概念を流用するのが適切か、またすでに記したようにDSMの使い方、さらにはDSMの方法論に対しても、議論は大きくあるが、ここでは問題があるということを記すにとどめておこう。

あげ足を取るのではないが、最初の「二十代後半までに」ということに対しても、斎藤は「二十代後半までというのは、ちょっと広くとりすぎかもしれません。実際にはほぼ二十代前半までで、事例のほとんどをカバーできます。（中略）年齢を限るのには、二つの理由があります。（中略）この問題が思春期の問題であるということを、強調しておくためです。（中略）三十代以降にはじまったひきこもり状態がもしありうるなら、この場合は、何かほかの原因を考えるべきでしょう。ただし、私自身は、そのような事例に出会ったことはありません」と記している。当たり前といえば、当たり前、書いていて自身も呆けてしまうほどであるが、四十代、五十代以上のリタイア組がひきこもり始めるということについては、別カテゴリーとして、うまく回避されている。また始まりではないが、中年期まで引きつづくひきこもりが言われるようになっているのが現状であるにもかかわらずである。

他、「社会参加」ということの内実はどのようなものであるか（だれが判断するのかということは極めて大きな問題であるが）については、問題を残すが、本稿の及ぶ範囲ではないのでここでは問わない。

論争の核心に入る前に、社会的背景についての考察を行っておきたい。しばらくは芹沢俊介の論考をもとに見ていくことにしたい。まずは、酒鬼薔薇聖斗事件とも呼ばれる神戸児童連続殺傷事件に目を向けたい。この事件はマス・コミュニケーションの誤報道や人権侵害というさまざまな問題点を露呈したことでも知られるが、一四歳（当時）の中学生の犯行であったとされる。この事件は、不敵な挑戦状を叩きつけるなど事件自体の猟奇性とともに、犯人とされ逮捕されたのが一四歳の少年であったことが世間の耳目を集めた。その少年が当時、在籍していた中学校の校長であった岩田信義によれば、(『校長は見た！酒鬼薔薇事件の「深層」』、五月書房、二〇〇一年)「少年の保護者も精神科医に診察を受けさせていたが、精神科医は学校の中で指導する方がいいという判断を下し、児童相談所には通所させなかった」という。この少年自身は、不登校でもないし、また斎藤が定義する「社会的ひきこもり」にもあてはまらない。ただこの少年に「自分と同じ年齢の少年の単独犯行であったことに非常なショックと激しい興奮を覚えた」ある別の少年が、新宿歌舞伎町ビデオ店爆破事件を起こす(少年は自ら警察に出頭)。事件そのもののあらましは二〇〇〇年一二月に新宿区歌舞伎町のビデオ店に火をつけ、手製爆弾が投げ込まれビデオ店が爆発し、ビデオ店の壁や天井が崩れるなど、爆弾によって物理的被害が発生した。ただ、人間への直接的被害はなかったというものである。事件を起こしたこの少年は一七歳の栃木県の農業高校二年生で、少年は自分の部屋を家族から守るためにガムテープで目張りをしていた。この少年に対し、芹沢は「「部屋から家族を排除するという作業は、自分が閉じこもるため、引きこもるための準備、体制作りなのです。ところが彼は、目張りをしておきながら自分自身を外に出してしまった。引きこもれなかったのです。」(芹沢俊介、『引きこもるという情熱』、雲母書房、二〇〇二年)と分析する。

この年は斎藤環の言葉を借りるならば(斎藤、「トリックスター勝山実への期待」、勝山実、『ひきこもりカレンダー』、文春ネスコ、二〇〇一年)「「ひきこもり」元年として記憶されることになる」というように、「「新潟少女監禁事件」(実際の監禁が始まったのは一九九〇年)、「京都小学生殺害事件」(いわゆる「てるくはのる事件」、事件そのものは一九九九年）、「佐賀バスハイジャック事件」（「ネオ麦茶事件」とも）など「ひきこもり」に関連すると思われる事件が立て続けに起こり、この問題に対する認知度も一挙に高まりました」と記している（他に、斎藤の言及はないが、「佐賀バスジャック事件」の少年が手記に残していた「豊川市主婦殺人事件」も起きている）。また「佐賀バスジャック事件」では精神科医の町澤静夫が、親にも本人にも一切の面会をせず、電話で国立肥前療養所に「医療保護入院」（強制入院の一種）させていた。このことは後に各方面から断罪された。しかし、これらの事件は「関連すると思われる」のではなく、ひきこもりに「関連付けられて」語られて「ディスクール」が形成されたというのが正しい。これは、精神科医という専門家、当事者、家族という当事者の周囲にいるもの、それぞれのディスクールを問うのに大きな示唆を与えるところである。しかし、実際に事件が起きたのは二〇〇一年ではない。誰が「関連すると思」ったのか、誰が「関連付け」たのか、誰が「ひきこもり」元年という概念を作ったのかが問われなければならない。

ディスクールを明らかにするためにもう一度、斎藤の同所の文章に戻ることにしよう。「いっぽう私自身も、にわかにおこったブームに巻き込まれマスコミ露出度が増え、国もとの親は喜びましたが自分はくたびれ果ててしまいました」と述懐している。

しかし言説は単に斎藤環の周りだけを回っていたのではない。芹沢は前掲書のなかで「NPO法人ニュースタート」事務局の二神能基とタメ塾（現在「NPO法人青少年自立センター」）の工藤定次に注目している。芹沢は「重要なことは、彼らが引きこもり引き出し人として、精神科医やカウンセラーなど足元にもおよばないくらいの「成果」をあげている」ことをあげている。その上で二神の引きこもり引き出しの方法として三つを上げる。1．若者の訪問部隊（レンタルお姉さん、お兄さん）2．若衆宿3．福祉コンビニの三つである。そして「子どもや若い人たちは社会的資源である以前に、まず自分の人生を自分で生きる存在である」という観点から社会的資源論に立つ「人間はだれでも社会的に自立しなければならない、という社会的引きこもり論の集約点になだれこんでいくしか」ないと批判する。これは筆者の深読みであるかもしれないが、障害者をふくめ（「障害者自立支援法」という法はあるが）、あらゆる人がすべてのことで「自立」しえるということはあるのだろうか？　そうであるならばその「自立」ということの中身はなんなのだろうか？　その再定義＝再編された「自立」の枠組みから外れる人間はどうなるのであろうか？　タメ塾にも同じことが言える。

それはさておこう。押さえておきたいのは、「ひきこもり」、あるいは「引きこもり引き出し」に関して上記のようなセンセーショナルな事件が起きるまでもなく、精神科医やカウンセラーではなく、ましてや当事者ではないところで、「ひきこもり」に関するディスクールが成立していたことである。

これにはさらに続編がある。長田百合子の「長田塾」（二〇〇一年に元寮生により裁判を起こされ二〇〇六年敗訴）、杉浦昌子の「NPO法人アイ・メンタルスクール」（一九九九年開設、二〇〇六年、当時二六歳の男性を監禁し死亡させた疑いで逮捕監禁致死罪に問われ、二〇〇七年名古屋高裁で実刑確定。現在では「アイ・メンタルスクール」は解散）がそれだ。ちなみにこのふたりは姉妹であり、一緒に「塾」を営んでいたこともある。

仔細に検討することはできないが、「社会的ひきこもり」に対し、訴訟沙汰になるような「引きこもり引き出し屋」が社会的に求められていたということを指摘しておきたい。

では当事者はどうか。ここで勝山実の著書を見てみよう（勝山実、『ひきこもりカレンダー』、文春ネスコ、二〇〇一年）。勝山が「社会的ひきこもり」の全てを代表するものとは断じないが、斎藤環は、同書で、勝山実と対談し、「この本は治療にも役立つと思うんです。これを読んであぁ俺も抜け出そうと考える人が結構いると思う。逆に「俺はこれでいい」とリラックスする人もいるはず。（中略）ひきこもることもありだという選択を可能にする。肯定的にひきこもれば、家庭内暴力のような変なこじれ方はなくなるはず」と、述べている。

勝山は「自立」という項で「ひきこもりの人がまず捨てるべき考え。経済的な自立とか独立」「確かに親はうっとうしいです」でも「たとえ「寄生虫！」と罵られても、微笑み返すくらいの余裕がほしい。寄生虫なんて褒め言葉ですよ。光栄の至りです」「ひきこもりに親の無理解はつきものです」「足りなければ生活保護。国家に寄生しましょう」「非自立主義だと生きるのが楽チンになる」「高度経済成長、感謝。働かず、人生を楽しむ。魂は売りません」と「自立」概念に根底的な疑義をはさむ。

他にも「自助団体」という項には「自助団体というものがあります。ひきこもりの人の集まりだったり、心の病を抱えている人の集まりとかいろいろです。結論。だめですね。〇〇の会とつくものにろくなものはないというのがボクの感想です。暗い。それに人物がいない。魅力的な人物がいないんです。（中略）思うに、こういうところに来る人はとことん苦しんだり、とことん自分というものを見つめ直したりしていない」という一文もある。

これらの部分だけを取り出してしまうと、多くの人に誤解を与えるだろう。何らかの「感情」にかられる人も多いだろう。しかし、それでも引用した。市場経済を旨とする近代社会における個のあり方へのみごとなまでのカウンターではないか、非近代社会における「無用」の者のあり方に思いをはせてみよう。それだけでも記す意味があると考えるので、ここに、敢えて、引用してみた。

次に精神医療に携わる者の中でもディスクールに目を向けてみよう。ここでは、前出の斎藤環と、高岡健の間でなされた論争に注目する。これについては、すでに、竹村洋介、「近代市民社会と精神医療の共犯関係―幻のブレイン・ポリスは誰だ！」、（『ひきこもり』、批評社、メンタルヘル・スライブラリー7、二〇〇二年）で論じ尽くした感があるのだが、斎藤が、経済的な意味をも含めて「自立」という概念にこだわりつづけ、精神科医の積極的なかかわりを主張し続ける。斎藤自身が記すように『社会的ひきこもり』（PHP新書、一九九八年）は「ひきこもりシステム」というチャート化であり、マニュアル本である。そして一連の言動を「啓蒙活動」とする。だが誰に何を啓蒙しようというのだろうか？専門家による啓蒙とは何なのかが本来的意味で問われるだろう。それを問わずにマニュアルだけが独り歩きするとすれば、目的と手段の取り違えとなる。

それに対し、高岡は「何をなすべきか、なさざるべきか―メンタルヘルスの拡大と治療の限定」と自問し、「精神医療がなすべき仕事は、（中略）モーゼのように予言することはできず、脱出を先導することはできない。脱出の過程で怪我をした子どもたちに対して、応急手当ができるだけである。脱出の隊列から、半歩だけ遅れてついていく限りにおいて、はじめてそれは可能になる」（『学校の崩壊』、批評社、メンタルヘルス・ライブラリー9、二〇〇二年）と極めて正鵠をえた反論を記している。

精神科医を卑しめようという考えは全くない。裁判などで責任能力のあるなし、「心神喪失」「心神耗弱」を決定するのが、精神科医に委ねられている精神鑑定であるとはいえ、人格までをも、全面的に精神医療に委ねることはできない。それを全く問わず、あるいは「自立」という概念を所与として問うてはならない前提として、「社会的ひきこもり」に精神医療は向かい合ってよいのだろうか。このとの是非はすでに決している。精神医療は「応急手当」をし「半歩だけ遅れてついていく」ことに徹するしかない。

が、終結ではなかった。先に挙げた「アイ・メンタルスクール」の事件をもとに斎藤は「一般的に非専門家による診療まがいの行為においては、（中略）説明責任、応召義務、守秘義務などがことごとく守られていない。恣意的なクライアントの選り好みをしたり、いつわりの専門性をかさにきて説明を拒否したり、患者の前で別の患者のうわさ話をしたり、などはけっして例外的なものではない」とする。しかりである。そして「『ひきこもり』については、いまだ専門性が確立されていない。その結果、現場経験の多いものが専門家とみなされる状況が続き、自称専門家の増加を抑止できない」。「あくまでも過渡期的措置として医療化は要請されるべきではないか」、「それゆえ問題の立て方は「医療化すべきか否か」ではなく、「さしあたり医療化が不可避であるとしたら、それはいかになされるべきか」であると私は考える」とよりましな、といって悪ければ、悪くはないすべとして、「医療化の必然（「ひきこもりと「医療」化」、森田洋司監修『医療化のポリティクス』学文社、二〇〇六年）」を説く。社会的な側面を切り捨て、個人「医療」化することが大前提となっている。手段の目的化がより一層はっきりと見てとれる。

6—4 「ニート」という概念

ニートについてもほぼ同様なことが言える。NEETという概念は、イギリスのSEU（Social Exclusion Unit、社会的排除防止局）が、一九九九年に出した報告書であるBRIDGING THE GAP:NEW OPPORTUNITIES FOR 16 –18 YEAR OLDS NOT IN EDUCATION, EMPLOYMENT OR TRAININGの頭文字を取ってNEETされたものが起源とされている。 http://dera.ioe.ac.uk/15119/2/bridging-the-gap.pdf

これを受けて二〇〇四年に『ニート フリーターでもなく失業者でもなく』（玄田有史・曲沼美恵著、幻冬舎）が出版され二〇〇〇年代半ばにブームとなった。いくつか例を挙げると『ニートと言われる人々—自分の子供をニートにさせない方法』（浅井宏純・森本和子著、宝島者、二〇〇五年）、『ニート脱出—不安なままでもまずやれる事とは』（和田秀樹著、扶桑社、二〇〇五年）などがそうである。しかし、『「ニート」って言うな！』（本田由紀・内藤朝雄・後藤智和著、光文社新書、二〇〇六年）が出されてから状況が変わる。それまでの「ニート」を否定し、そうならないようにするというニュアンスが消えて行く。『雨宮処凛のオールニート・ニッポン』（雨宮処凛著、祥伝社新書、二〇〇七年）もその一つである。また火付け役の一人であった玄田も「孤立無業者（SNEP）の現状と課題」（二〇一三年一月）(http://web.iss.u-tokyo.ac.jp/future/% E5% AD% A4% E7% AB% 8B% E7% 84% A1% E6% A5% AD_% E7% 89% B9% E5% 88% A5% E9% 9B% 86% E8% A8% 88.pdf）というように方向をかえている。

はたして、NEETはいなくなったのだろうか？ 日経新聞によれば、「三五〜五九歳の〝中年ニート』は一二三万人」(http://www.nikkei.com/article/DGXLASDZ30HEJ_Q7A530C1000000/)とむしろ増加の傾向にあるとされている。就職氷河期時代に遭遇したコホートがそのまま現在でもNEETであるという論調である。内藤朝雄が『「ニート」って言うな！』のあとがきで「「ニート」は流行性のイメージ商品であり（中略）人々の意識から消えていくだろう」と喝破しているが、現実は変わらないにもかかわらず、言葉だけが消えていく、まさにその観がある。

ここでいくつかおさえておかなければならないことがある。社会的引きこもりにも同じことが言えるが、あるのは、「社会的引きこもりの人」ではなく、「社会的引きこもり」という状態像である。NEETでも同様で、いるのは「NEET」の人ではなく、社会的関係から「NEET」という状態になっているということである。

もう一つは、ここは「ひきこもり」と違うのだが、この概念の発祥の地イギリスでは、前記のようにNEETという概念は、あくまで社会保障政策の中で出てきたものであり、ひとりひとりを指すものではないということである。「自分の子供をニートにさせない」というような文脈では使われないものであるということだ。

そして当たり前のことだが、社会が高度に三次産業化し、高学歴化しているということが、社会的背景となっていることである。玄田は『ニート　フリーターでもなく失業者でもなく』で比較的低学歴層が「ニート」に陥りやすいということを指摘している。社会全体の就労構造が、たとえば第一次産業中心であるならば、「ニート」と呼ばれる状態におちいることも少なかったことは想像に難くない。

6―5　おわりに

小括として、最後に、石川が『孤立を恐れるな！』（批評社、二〇〇一年）の鼎談で述べている言葉を挙げておきたい。「「ひきこもり」という社会の病理を「精神科医が個人の「病理」に還元してしまうことを諫め、「医者が関与しようとする善意や指向性はわかるんだけれども、それが治療的言語に吸収されると問題をみえなくしてしまう危険性がある」。

実は積み残してしまった、力が及ばなかったことのほうが多い。まだ続くべき課題として、発達障害、とくにそれを「発達凸凹」と言い換える杉山登志郎のディスクールと、それに対峙するような石川・高岡の『発達障害という希望』、「自閉症」概念、ベクトルはいささか違うが「いじめ」、さらには精神医療のあり方を射程に入れた立岩真也の『造反有理』、いじめについて、「disease と disorder」など論じられなかった。

精神医療や心理学がある種の知見をもたらすことを否定するのではない。しかし、そういったことが、心理学主義・個人「病理」への還元となってしまうのでは、覗き穴から見た倒立像を見ていることになるかもしれない。その限界を今一度考えなくてはならない。

それでも上記のような問題を巡って、どのようなディスクールが飛び交い、われわれの「現実」を構成しているかを少しでも究明する手がかりとなったならば、本章の目的は遂げられたと思う。

■参考文献

石川憲彦、「学校の崩壊とＡＤＨＤ」、高岡健編、『学校の崩壊―学校という〈異空間〉の病理』、批評社メンタルヘルス・ライブラリー9、二〇〇二年

石川憲彦「障害児・者にとっての医療化」、森田洋司監修、森田洋司・進藤雄三編、『医療化のポリティクス―近代医療の地平を問う』、学文社、二〇〇六年

石川憲彦・高岡健、『発達障害という希望―診断名にとらわれない新しい生き方』、雲母書房、二〇一二年

石川憲彦＋高岡健、『心の病はこうしてつくられる』、批評社メンタルヘルス・ライブラリー17、二〇〇六年

稲村博、『思春期挫折症候群』、新曜社、一九八三年

稲村博、『自殺学―その治療と予防のために』、東京大学出版会、一九七七年

稲村博、『登校拒否の克服―続思春期挫折症候群』、新曜社、一九八八年

稲村博・林義子・齋藤友紀雄、『眠らぬダイヤル―いのちの電話』、新曜社、一九八一年

Illich,I.,1970, "*Deshooling Society*"（東洋・小澤周三訳（『脱学校の社会』、東京創元社）、一九七七年

Illich,I.,1976, "*Limits to medicine : medical nemesis : the expropriation of health*"（金子嗣郎訳、一九七九年、『脱病院化社会：医療の限界』、晶文社）

Walters,P.A.Jr. 'Student Apathy', in "*Emotional problems of the student*" .eds.Blaine,G.B.Jr. McArthur, C.C. Applenton-Cenyury-Crofts, New York, 1961（石井完一郎・岨中達・藤井虔監訳、『学生の情緒問題』、文光堂、一九七五年）

APA, "*Diagnostic and Statistical Manual of mental disorders4-TR*"（高橋三郎・大野裕染・矢俊幸訳、『DSM-IV-TR

精神疾患の診断・統計マニュアル』、医学書院、二〇〇二年）
同、ＤＳＭⅢ、一九八〇年
なおＤＳＭの問題点、あるいは考え方、用い方の注意については、以下の三冊
Kutchins, Herb’ Kirk, Stuart A. “Making us crazy : DSM : the psychiatric bible and the creation of mental disorders”=2003: Free Press 高木俊介・塚本千秋訳、日本評論社、二〇〇二年
Frances,A., “*Saving Normal*” =2013, : Conville&Walsh,Limite,London, 大野裕監修、青木創訳、『〈正常〉を救え―精神医学を混乱させるDSM-5への警告』、講談社、二〇一三年
Frances,A. 2013, “*Essentials of Psychiatric Diagnosis*” A Division of Guilfond Publications. Inc 大野裕・中川敦夫・柳沢圭子訳、『精神疾患のエッセンス―診断ＤＳＭ５の上手な使い方』、金剛出版、二〇一四年
ＤＳＭについての補足：ＩＣＤと並ぶ国際的診断基準である。ＡＰＡ（アメリカ精神医学会）の編であり、版を重ね現在では五であるが、Ⅲ以来の特徴として、医師間で診断が異ならないように明示的な診断基準を含む操作的診断基準を設ける、「神経症」という概念の解体などが挙げられる。「操作主義」の導入について留意が必要。
奥地圭子、『登校拒否は病気じゃない―私の体験的登校拒否論』、教育資料出版会、一九八九年
小沢勲、「生活療法を超えるもの」一九七二年、第六九回日本精神神経学会・シンポジウム「生活療法とは何か」↓『精神神経学雑誌』、一九七三年
同、http://www.arsvi.com/w/oi02.htm
同、『自閉症とは何か』、洋泉社、二〇〇七年
笠原嘉、『青年期』、中公新書４６３、一九七七年

笠原嘉・山田和夫編、『キャンパスの症状群：現代学生の不安と葛藤』、弘文堂、一九八一年
笠原嘉、『アパシー・シンドローム―高学歴社会の青年心理』、岩波書店、一九七七年
笠原嘉、『退却神経症：無気力・無関心・無快楽の克服』、講談社現代新書901、一九八八年
勝山実、『ひきこもりカレンダー』、文春ネスコ、二〇〇一年
上之郷利昭、『スパルタの海』、東京新聞出版局、一九八二年
Cooper,D,1967, *"Psychiatry & Anti-Psychiatry"*, London & New York: Tavistock=1974,（野口昌也・松本雅彦訳『反精神医学』、岩崎学術出版社、一九七四年）
栗栖淳、「脱学校化への志向」、『ひきこもり』、批評社、メンタルヘルス・ライブラリー7、二〇〇二年
玄田有史・曲沼美恵、『ニート フリーターでもなく失業者でもなく』、幻冬舎、二〇〇四年
斎藤環、『社会的ひきこもり―終わらない思春期』、PHP新書、一九八八年
佐々木賢、『怠学の研究―新資格社会と若者たち』、三一書房、一九九一年
季刊『精神療法』三巻、特集「登校拒否」一九七七年
芹沢俊介、『引きこもるという情熱』、雲母書房、二〇〇二年
高岡健、「ひきこもりは人格障害の一症状か？」、高木俊介編『ひきこもり』、批評社、メンタルヘルス・ライブラリー7、二〇〇二年
高岡健、『学校の崩壊』、批評社、メンタルヘルス・ライブラリー9、二〇〇二年
高岡健、『孤立を恐れるな！もう一つの「十七」歳論』、批評社、二〇〇一年
託摩武俊・稲村博編、『登校拒否―どうしたら立ち直れるか』、有斐閣、一九八〇年

竹村洋介、「近代市民社会と精神医療の共犯関係－幻のブレイン・ポリスは誰だ！」、『ひきこもり』、批評社、メンタルヘルス・ライブラリー7、二〇〇二年
立岩真也、『造反有理－精神医療現代史へ』、青土社、二〇一三年）および http://www.arsvi.com/ts/2013b2.htm
東京シューレについては、http://www.tokyoshure.jp/
富田三樹生、『精神病院の底流』、青弓社、一九九二年
中井久夫・山中康裕編、『思春期の精神病理と治療』、岩崎学術出版社、一九七八年
T．ハーシ、森田洋司・清水信二監訳、『非行の原因―家庭・学校・社会へのつながりを求めて』、文化書房新社、一九九五年
本田由紀・内藤朝雄・後藤和智、『「ニート」って言うな！』光文社新書、二〇〇六年
松本雅彦＋高岡健編、『発達障害という記号』、批評社、メンタルヘルス・ライブラリー21、二〇〇八年
森田洋司、『「不登校」現象の社会学』、学文社、一九九一年
森田洋司監修、森田洋司・進藤雄三編、『医療化のポリティクス－近代医療の地平を問う』、学文社、二〇〇六年
Laing,R.D.,1960,The Divided Self : *An Existential Study in Sanity & Madness*, London: Tavistock（坂本健二・志貴春彦・笠原嘉訳、『引き裂かれた自己』、みすず書房、一九七一年）
渡辺位編著、『登校拒否－学校に行かないで生きる』、太郎次郎社、一九八三年

第七章

障害児とフリースクール──「個」の病としてではなく

私がまだ小学生だったころ、つまり一九六〇年代半ばのことだが、近所に同学年の「チエ子」と呼ばれる子どもが住んでいた。大阪なら『じゃりんこチエ』のように、たくましく生きているかと思われるかもしれないが、皮肉にもこのチエ子は「知恵遅れ」だった。小学校へ行っても授業はよく理解できず、私たちにも差別心があり、同級生からはいじめられ嘲笑の対象とされた。名前はいつもチエ子と呼び捨てだった。あまりにもいじめがひどくなったときには、担任が出てきて「給食の運び方がうまくなった」と、かばう始末であった。それはそれで、またわざとらしかったのだが。

一九七九年の養護学校義務化以前、チエ子は特に強く希望して普通学級に来たのではなかった。ただ単に、養護学校の定員がいっぱいで普通学級に来ていたにすぎない。授業にも遅れながら、まわりに世話になりなんとかぎりぎりついて行っていたというのが実情だった。一クラス六〇人近いマンモス学級のなかで、特別になされた配慮などごくしれたものであった。

その後は、みなと同じように中学校に進学し、成績はふるわなかったが、それでも全日制の高等学校に進学していった。その後はわからない。生きていれば、私と同じ六〇歳目前。幸せな人生をつかみ取れているのだろうか?

7―1　障害児は増えているのか?

盲・聾・養護学校へ通う子どもは、微増している。それに対して、LD、ADHDとされる子どもの数は急増している。以下、宮崎隆太郎の見解をもとに歴史的にふりかえってみたい。一九七九年までは、養護学校は義務化されていなかった。反対に時代の趨勢は、障害児も共に地域の学校へのスローガンのもと、むしろ養護学校へ通う子どもの数は減少傾向にあった。

この傾向は、一九八〇年代に入ってもしばらく続いた。

それが一九九〇年代に入ると、「ドーマン法」や「行動療法」「感覚統合訓練」「TEACCHプログラム」「インリアル・アプローチ」等の訓練法や行動変化のための手立てが、障害児の親たちにも知れわたるようになっていく。

それと並行して「LD(学習障害)」が改めて注目を浴びだしLD児に対する「ソーシャル・スキル・トレーニング」が強調され始めた。

これらの「技法・手立て」が障害児の親たちの間に広まると「養護学校と普通学級のどちらが子どもを伸ばしてくれるのか」という迷いが始まった。また、「TEACCHプログラム」等の推進者は「I

EP（個別教育プログラム）」の重要性を強調した。それによって自閉性障害やLDの子供を持つ親たちから、「普通学級は何もしてくれない」という不満の声が高まってきた。さらに二〇〇〇年代に入ってからは、LD・ADHD・高機能自閉症・アスペルガー・広汎性発達障害（PDD）の大合唱が始まった。

さらに「学級崩壊」が始まると、LD・ADHD児たちが、それを引き起こすかのように言われだした。文部省調査によれば、現在、特別支援学校へ通う子どもの数は約一三八〇〇〇人、普通学級にいる学習障害、注意欠陥／多動性障害、高機能自閉症など、学習や生活の面で特別な教育的支援を必要とするいわゆる通級学級の子どもの数は小・中学校あわせて約八三七五〇人（二〇一四年度現在）である。その推移は、二〇〇五年度は三八七三八人だったが、二〇〇七年度は四五二四〇人、二〇〇九年度は五四〇二一人と増加し、二〇一一年度は六五三六〇人と増加の一途をたどる。このようにして、ただの「ややこしい子ども」たちが、障害児としてカウントされるようになり、障害児は増加していったのだ。

7―2　学校での特別支援教育への取り組み

いつも「恵美～ザ～マ～ス～ウ～ヨ～ン」というタイトルで、電子メールを（おそらくメールアドレスから推測して携帯メール）をくれる女の子がいる。彼女は、「軽度」のダウン症だ。作業所で働いていて、二七歳になる。学校については、何度聞いても「竹村さんのバ～カ（、＞、・私学校なんて行っていません）」

といった返事が返ってくる。どこで、電子メールの使い方を覚えたのかはわからないが、ログを振り返ってみると、二〇〇二年以来、メールが来ている。特にサマーキャンプの前などは、一日四通も五通もしつこいほどにきている（来ない時には数週間にわたって一通も来ない）。文章は多少おかしいが、意味がとれないほどではない。彼女の場合、発達障害ではないが、何を基準として「軽度」と判定されているのであろうか。忙しい時に、しつこく返事を求められる時には、閉口することもあるが、それは障害の軽度・重度に関係することなのだろうか？　健常者でも、しつこくメールが来たり途絶えたりすることは、普通にあることではないだろうか。

特別支援教育の推進に先立ち通級による指導の対象にＬＤ・ＡＤＨＤが新たに加えられた（二〇〇六年四月施行）。また名称も二〇〇七年より養護学校・特殊学級を改め、特別支援学校・学級と改称された。

そして「「軽度発達障害」の表記は、その意味する範囲が必ずしも明確でないこと等の理由から、今後当課においては原則として使用しない。」と言う見解を文部科学省初等中等教育局特別支援教育課は出し、使用しないこととなった。発達障害については、「「発達障害」の範囲は、以前から「ＬＤ、ＡＤＨＤ、高機能自閉症等」と表現していた障害の範囲と比較すると、高機能のみならず自閉症全般を含むなどより広いものとなるが、高機能以外の自閉症者については、以前から、また今後とも特別支援教育の対象であることに変化はない。」とされている。

7—3　特別支援教育コーディネーター

特別支援教育が二〇〇七年度から実施されるにあたって全国の小・中学校では、「特別支援コーディネーター」の設置が義務づけられた。特別支援コーディネーターは現場教師の兼務だが、認定されるためには、都道府県教育委員会が主催する研修に全回を通して参加しなければならない。校長の配慮による人選もあるが「全回の出席可能な人」という基準で人選されることすらある。

ある地方都市では、研修期間を終了した特別支援コーディネーターの認定式で教師たちが認定証の授受をボイコットする事態が起こったという。「研修は職務命令だから来たが、コーディネーターになっても手当もつかないし、人事異動に制約がかかるかもしれないから嫌だ」というのだ。

設置義務のない高校などでも特別支援コーディネーターをおいている例もあるが、まだまだ専門家というよりも、校務分掌のひとつという色彩の濃いケースも多い（もちろん、専門家を配置すればすむという問題ではないが）。

7—4　発達障害者支援法

ここまで、文部科学省管轄の特別支援教育についてみてきたが、厚生労働省は、発達障害者支援法にそって取り組みをおこなっている。この法律で、発達障害は、「自閉症、アスペルガー症候群その他の広汎性発達障害学習障害、注意欠陥多動性障害、その他これに類する脳機能の障害であって、その症状が通常低年齢において発現するものとして政令で定めるものをいう」と定義されている。

二〇〇五年に施行された発達障害者支援法の大きな柱の一つに、発達障害者支援センターがある。これは各都道府県・政令指定都市に設置されるものである。厚生労働省と各市町村の間に立ち、地域における支援体制を確立していくものである。

厚生労働省の施策も、文部科学省のそれと重なる点も少なくないが、もっとも異なる点は、雇用分野の支援施策がふくまれていることである。それは、(1)若年コミュニケーション能力要支援者プログラム(2)発達障害者の就労支援者育成事業の確立(3)一般の職業能力開発校における発達障害者を対象とした職業訓練モデル事業の三本柱からなっている。若年コミュニケーション能力要支援者とは、発達障害者+αを意味し、「ハローワークにおいて、発達障害等の要因により、コミュニケーション能力に困難を抱えている求職者について、その希望や特性に応じた専門支援機関に誘導するとともに、障害者向けの専門支援を希望しない者については、専門的な相談、支援を実施する」とされている。

そして若年コミュニケーション能力要支援者プログラムとして、「ニート等の若年者に対する就職支援と障害者に対する就労支援の両面から、コミュニケーション能力に困難を抱える要支援者向けの総合的な支援システムを創設」するとしている。「ハローワークや若者向け就職支援機関」、「学校」、「インターネット」から、「要支援者の発見」をし、「障害者向け専門支援を選択」する者としない者へと「適切な支援の誘導」をおこない、「地域障害者職業センター」「ハローワーク」「その他の若者向け就職支援機関」に「希望に応じた支援の提供」をおこなうとされている。

さらに、ハローワークは、「障害専門の窓口での支援」と「一般窓口での支援」にわけられている。「障害者向け専門支援を選択する者」は、「地域障害者職業センター」とハローワークの「障害専門の窓口での支援」へ、「障害者向け専門支援を選択しない者」はハローワークの「一般窓口での支援」と「その他の若者向け就職支援機関」へという流れになっている。

形式としては、いわゆる「ニート」まで含めて、整合性をもった支援のあり方となっている。しかし、現実はどうであろうか？　近年は有効求人倍率は上向いているが、非正社員四〇〇万人時代である。地域による格差は大きいが、「障害者向け専門支援を選択しない者」は、ハローワークの「一般窓口での支援」と「その他の若者向け就職支援機関」で、「健常者」と競合して職をさがすことになる。「健常者」ですら、正規雇用の口が少ない現状で、発達障害者が苦戦を強いられるのは想像に難くない。

「障害者向け専門支援を選択」し、「地域障害者職業センター」やハローワークの「障害専門の窓口」を通じて就職する場合、就職そのものは、「障害者向け専門支援を選択しない者」より、しやすいかもしれないが、低賃金という困難が待ち受けている。経済的自立の難しさは容易に想像できる。

正社員を減らし、派遣・請負・契約社員、パート、フリーターなどの非正規雇用を増やしていこうという現在の流れが変わらないかぎり、発達障害者の正規雇用が増加するというのは、難しいことではないだろうか。

7―5　フリースクールでの受け入れの増加

ここまで学校・就労における取り組みを見てきたが、今度はフリースクールに目を転じてみたい。確かな統計はないが、ここ数年、フリースクールに通う障害児が増えているようである。「ＮＰＯ法人フリースクール全国ネットワーク」などでも、よく話し合われていることである。「登校拒否を考える夏の全国合宿」でも、分科会として、「「障がい」と不登校」の部会が設けられるまでになっている。

実際にあるフリースクールでは、この数年間、何人もの「発達障害児」をうけいれてきた。しかし、もともとは不登校児を対象とした居場所としてスタートしたものだ。そこへ「発達障害児」たちが、居場所をもとめてやってくるという現象が起きているようである。

不登校の子どもがフリースクールに通うようになり、後に「発達障害」だと判明した例もある。しかし、保護者の方からなんらかの障害があるが、通えるかどうかあらかじめ相談があって、入会してくるというのが大半のケースである。さらに、近年では、病院の方から、フリースクールへ通うことを条件に退院が許可され、フリースクールに入会したという例もある。フリースクールのスタッフは、画一的なカリキュラムや校則のある学校よりもフリースクールの方がその子にはあっているのだろうと言う。そして、病院や学校にいる時よりも、見違えるほどに元気になる子が多いとも言う（なお、フリースクールに通うと原籍校では学校長の裁量で出席扱いになる）。

不登校に対しては、学校復帰を条件としているかもしれないが、民間施設の活用が言われている。

発達障害に関しては、特にそのようなことが言われているわけではない。ただ、事実として民間施設が利用されだしてきているようである。

7―6　フリースクールではどのように取り組んでいるか

では、フリースクールでは、「発達障害」児に対してどのような取り組みをおこなっているのだろうか？　学校や病院では、特別支援教育などのために、発達障害をLD、ADHD、アスベルガー症候群、PDD等と分類する必要性も出てくることもあろう。

しかし、一般にフリースクールではそのような見方をしていない。一括して「ややこしい子」とでも言うべき捉え方しかしていない。またもともと「発達障害」児のための居場所でないので、そういった分類、そしてその分類に応じた対応策といった形での特別な取り組みはしていない。

しかし、誤解を恐れず言ってみれば、不登校児そのものが、学校へ行かない「ややこしい子」である。経験の中からそれなりの取り組み方のノウハウを蓄積してきている。

フリースクールの事例をみていくことにしよう。先に挙げたように、病院を通じてやってきた子どもたちの場合は、その後も病院との連携を保つようにしている。また、そうでない子の場合でも、母親の会などで相談された場合は、クリニックを紹介することもある。精神医療との連携は、可能ならば、取れた方がよい場合が多いようである。

しかし、何より重要なのは、その子、その子に応じた個別のきめこまかな対応である。皆で遊んでいた時、突然、壁をドカンと叩いたり、暴れ出したりする子もいた。一見理由もなく暴れ出すので、驚くことも多いが、その時、スタッフが充分に話しを聞く（言語化できないことも多々あるが）、とにかく、その子に寄り添うことである。その子の気分がおさまるまで、寄り添うことである。頭ごなしに叱ったりしないこと。スタッフが子どもたちの日常をよく知っていること。人間的な関係性がしっかり築かれていること。学校と異なり、フリースクール全体で三〇余名という小規模だからできることであろう。定式化された特別なハウツーや技法はないが、このようにして乗りきっているというのが実情である。しかし、そういうことを何度か繰り返すことにより、だんだんとそうした回数が減りおさまっていくものだと現場のスタッフは言う。

7―7　フリースクールの限界

フリースクールは、大規模校というのは極めて少ない。だからこそ、上記のような取り組みも可能なのだが、小規模校は小規模校ならではの問題をかかえている。まず、慢性的に人手が足りない。スタッフだけでは手が回らず、ボランティアに助けてもらってなんとかきりもりしているというのが実情である。経営的にも多数の専従スタッフを抱えている所などほとんどない。

いったん「発達障害」児が問題を起こしたりすると、中心となる専従スタッフはその子にかかりきりになることになる。不定期に来るボランティアに、問題をまかせるわけにはいかない。ボランティアはボランティアで、必要であり、またフリースクールの運営上、欠かせない存在なのだが、「発達障害」児が起こすような問題は、その子のことを普段からよく理解している専従のスタッフ等が中心になって解決にあたるしかない。そのためにフリースクールの運営に支障をきたすこともある。慢性的に人手不足の状態にある小規模校ゆえの宿命でもある。それゆえ、「発達障害児＝問題を起こす子」ではないが、「発達障害」児の受け入れにも必然的に限度がでてきてしまう。

さらに、すべての「発達障害」児に適しているとも言えない。例を挙げると、フリースクール通うのが精一杯で疲れてしまい、他の子どもたちと交流も持てず、スタッフともなかなかうちとけず、短時間で帰ってしまう。その子の場合、中学三年生の時から、入会し、ほぼ一年通っていたが、そのフリースクールを結局やめてしまった。彼女には、もっと適した別の場所があるのかもしれない。少なくとも、フリースクールがその子に全面的に適しているとは言えないだろう。

もともとが、学校に合わずに、自由な学びと育ちを求めている子どもたちのために作られた場であり、「発達障害」児の受け入れを目的としたものではなかったので、合わない「発達障害」児がいるのも無理からぬことであろう

7―8　再び「発達障害」とは、およびNOSについて

発達障害という概念をただ単に否認したいのではない。杉山登志郎によれば「発達凸凹十適応障害＝発達障害」ということになる（『発達障害のいま』講談社現代新書216、二〇一一年以下同）。杉山氏が「発達凸凹」などという言葉を考えざるをえないのは、「障害」という言葉がマイナスのイメージを強く

引きずるから」とされている。「発達凸凹です」とすると「お父さん、お母さんは怒ったりせず、すんなり受けて入れてくることが多い」としている。

だがそれはただ「障害」という用語を避けているだけのことではないだろうか？

たしかに少々複雑ではある。杉山は「生物学的」な装いをこらし、単一遺伝子疾患モデルを退け、多因子の積み重ねにより「障害」や「凸凹」があらわれるというからだ。

しかし、それはやはりあくまで「発達障害」や「発達凸凹」を「個の病」としてとらえようとすることの延長線上にあることに間違いない。つまりはNOS（Not Other Specified「特定不能の」）を、現在においては特定不能であるが、さらに「個の病」として診断しようという発想のあらわれではないか？

たとえば同書に「低出生体重はさまざまな発達障害、発達凸凹の要因になる。低出生体重にもっとも関係するのは胎盤の重さである。この胎盤の重さに関係が認められるのは父親の年齢なのだ」とある。そして「認知の凸凹は年齢が高い父親においてリスクが上がる」とする。つまりは、特定不能ではあるが、その要因の一つを父親の高年齢にもとめ「個の病」に閉じ込めてしまう還元主義に陥っている。高齢出産の女性差別との批判をかわそうとするあまり、低体重出生児を論拠を明示せずに年齢の高い父親の「クスクが上がる」と差別する失態を演じている。

が、それが顕在化し問題となってくるのは、周囲あるいは社会との関係の中で問題となってくるのだ。規模の問題で学校とフリースクールの違い論じてしまったが、本質的な違いは、大人と子どもの、そして子ども同士の人間関係の違いである。少々、何か事を起こしても、「あの子はまたあんなことをして」と共に生きる仲間とみなされるか、「発達障害」児だからと切れた関係でみなされるかが、大きな分かれ目となってくる。

就職の問題も社会との関係の問題である。障害があっても一般社会に参加できるかどうか、参加できるように社会全体が支え合う関係を作り上げるかどうかが、分かれめとなってくる。

人、一人ひとりそれぞれに異なる。何を障害と呼ぶのか、障害もまた一つの個性なのか？　問い出すときりがない。今ここでは、それを問おうとしているのではない。言えることはたとえ、「発達障害」というものが、あったにせよ、それを大きな社会問題としているのは人間相互の関係性なのだということを、おさえておかねばならない。その関係性こそが、「発達障害」を社会問題として構築しているのだ。その構築のされ方こそが、問い直されるべき課題なのだ。

【主要参考文献】

＊宮崎隆太郎、『増やされる障害児』、明石書店、二〇〇四年。
＊河原ノリエ、『「ややこしい子」とともに生きる』、岩波ブックレット　2007　378カ。

第八章

間違いだらけの不登校対策法——ネオ・リベラリズムと「再規制」

この章では六章の最初に取りあげたナイジェル・ドッドのネオ・リベラリズムの概念を教育のなかでも不登校の分野に援用し考察を試みる。再度記すことになるがドッドはネオ・リベラリズムは見せかけの規制緩和で、その実は、ルールの変更による「再規制」であるとしている。それにならい私もネオ・リベラリズムを「ルールの変更による「再規制」あるいは「再編成」」の意味で用いる。箇所によってはネオ・リベラリズムによる「再規制」と併記して記すこともあるが、六章で記したように「ルールを変更する「再規制」」の意である。つまりはドッドが「国家機関は国民国家システムの枠内でもコントロールできる国際金融システムを主に再規制によって育成しようとしてきた」というところを、「国際金融システム」だけではなく、「教育システム」に当てはめて考察していこうというものである。なかでも臨時教育審議会と「特区」および不登校対策法に焦点を当てて分析をおこなう。

8―1　始まりは臨時教育審議会だった

二〇一六年五月一〇日「義務教育の段階のおける普通教育に相当する教育の機会の確保等に関する法律案」が第一九〇回国会衆議院で可決された。しかし、この法案は、推進派も認めるように、多数の問題点を抱えたままである。その何が問題なのか、それについて記していくことにする。が、逐条批判という手法は用いない。とはいえ、「義務教育の段階における普通教育の多様な機会の確保に関する法律」から「義務教育の段階における普通教育に相当する教育の機会の確保等に関する法律」への変更の過程で、大きく変わってしまった点、たとえば旧案第四章「個別学習計画」の削除、また変更にはなっていないが大きな問題点であると筆者が考える（推進派、反対派・慎重派ともにほとんど言及がない）点については考察する。

この法案の骨格は、二〇〇八年ごろにオルタナティヴ教育法としてＪＤＥＣ（ＮＰＯ法人フリースクール全国ネットワーク）において検討され始めたものである。同二〇〇八年五月にはフリースクール環境整備議員連盟が発足した。呼びかけ人は以下の九人。鈴木恒夫氏、馳浩氏、義家弘介氏（三名とも自民）、小宮山洋子氏、林久美子氏（ともに民主）、富田茂之氏（公明）、石井郁子氏（共産）、保坂展人氏（社民）、亀井久興氏（国民新党）。会長は鈴木恒夫氏、幹事長は馳浩氏、事務局長は小宮山洋子氏。超党派の議員連盟である。二〇一四年に超党派フリースクール等議員連盟において「義務教育の段階における普通教育の多様な機会の確保に関する法律」という一連の流れが形成されていった。そこにおける政策・施策の在り方を、教育の生涯学習化、ネオ・リベラル化及び、ナイジェル・ドッドの言う「（市場）ルールを変更する「再規制」という側面から検討していくことにする。このドッドの提唱する「再規制」とは金融システムに焦点を当てたものである。規制緩和と見せかけて、ルールを変更することで、先にも記したように「国家機関は、国民国家システムの枠内でもコントロールできる国際金融システムを再規制によって育成」しようというものである。既述のようにここではこの概念を、教育、特に学校教育のルールの変更と「再規制」という視点に拡張し援用したい。

この稿では、それが、法案である以上は、逐条批判は必要であるし、また政策の在り方として、教育の生涯学習化からだけではなく、すでに世界では大きな潮流となっているインクルーシヴ教育の視点からもこの「義務教育の段階における普通教育に相当する教育の機会の確保等に関する法律」は批判されなければならない。ただ昨年来、大規模に交わされている論争において、社会の生涯学習化、教育の市場化＝規制緩和、その実において、「再規制」という視点から、この法案を検討したものは極めて少ない。それに対し、筆者は一九八四〜一九八七年の臨時教育審議会答申において、同審議会自身は「自由化」を直截的には打ち出せなかったにもかかわらず、その後の文部行政の路線を引くことになってしまっていることに注目する。その思想的背景がネオ・リベラリズム、ルール変更の「再規制」であり、その結果が臨時教育審議会の「教育改革に関する第四次答申（最終答申）」の第二章第二節「生涯学習体系への移行」となって現れている。

8―2 「多様な」教育機会

法案の名称は、元々は「義務教育の段階における普通教育の多様な機会の確保にする法律」であった。二〇一四年の教育再生会議の第五次提言では「国は、小学校及び中学校における不登校の児童生徒が学んでいるフリースクール（中略）などの学校外の教育機会の現状を踏まえ、その位置付けについて、就学義務や公費負担の在り方を含め検討する。また、義務教育未修了者の就学機会の確保に重要な役割を果たしているいわゆる夜間中学について、その設置を促進する」となっている。これを受けて同年六月に超党派フリースクール等議員連盟が発足した（馳浩・座長）。この議員連盟が二〇一五年九月一五日に座長試案としてこの「義務教育の段階における普通教育の多様な機会の確保に関する法律」（決定稿）が出されるも議連や自民党内での合意が取れず、国会上程は見送り・継続検討になった。

名称についてのみ先取りすることになるが、馳浩が文部科学大臣になり、当議員連盟の座長が前文部科学省副大臣丹羽秀樹に変わり、骨子（座長試案）として提出されたのが「義務教育の段階における普通教育に相当する教育の機会の確保等に関する法律」である。きわめて反対の多かった（賛成がなかったたわけではない）第四章「個別学習」が削除され、「多様な」の字句が消えている。このことの指摘も池添憲明の『週刊金曜日』（二〇一六年三月一五日号）以外に言及しているものが少ないので押さえておく。

これにより略称などに混乱が起きた。ただ単に「多様な」を取り外し「教育機会確保法」としたり、

「不登校対策法」としたりと同一の法案とは思えない略称となっている。たとえば同法を推進している「たよまなカフェ」の「たよ」は「多様な」の「たよ」の名残であろう。そして「まな」は「まなび」だろう。

それは政治的立場・力学によるものだろう。どちらの立場に立つのかは論じない、冒頭にも記したように〝教育〟(当然のことだが、学校教育に限らない)がネオ・リベラリズムにどう巻き込まれ、どのように「再規制」＝「再編成」されていくのかを検討するのが本章の主眼である。混乱をきたさないように本論文では「不登校対策法」の名称を使用する。

また記すまでもないことであるが、議論に異論はあったとしても、その著者や団体を誹謗中傷するものではない。先入観に基づく論、誤解、誤謬はただしもするし、反論は反論として受け止めるが、そこに主眼があるのではない。それゆえ、公開されているもの以外は実名を出すことを避け、公開されているものであっても、論旨を展開していくにあたって不要な場合は、氏名・団体名を出さないようにする。それでも不登校対策法に、推進派、反対派、慎重派がいるのは現実であり、各派の考え方の違い、論争を避けて通ることは不可能に近い。また、それぞれ、各派(後述するが、単純に分けられるものではないことを前提として)の人にご指導いただいたり、知己を得たりさせて頂いた方々も少なからずいる。無用な誹謗中傷を避けることはいうまでもなく、傷つけるようなことはしたくない。それでも、不登校対策法がいくばくかでもましなものにとして運用されるように考えていきたい。

8―3　フリースクールとは何か？

一口にフリースクールと言っても各種多様である。たとえば同じ「学校」という言葉を用いても、設置団体別にみると学校教育法一条の定めによるいわゆる「一条校」の他に、一般社団法人、株式会社立（サポート校を含む）、NPO法人立、任意団体と様々である。さらに、複雑なことに、株式会社立であっても「一条校」もある。また設置校別にみると、幼稚園・保育園、小学校、中学校、高等学校、あるいはその他の併設と各様である。ジャパンフレネ、シュタイナー学園初等部・中等部・高等部、北海道シュタイナー学園いずみの学校、きのくに子どもの村学園（サマー・ヒル）のように独自の教育方針を掲げるフリースクールと不登校「問題」を契機として設立とされたフリースクール（東京シューレ学園）とに分けることも可能である。この章で焦点を当てたいのは後者の不登校「問題」を契機として設立されたフリースクールである。後者の中ではもっとも古い東京シューレが始まったのが一九八五年。そして、現在のところ、最も大きな組織であるNPO法人「フリースクール全国ネットワーク」に加盟しているかどうかも論考に含める。東京シューレを中心に「登校拒否不登校を考える全国ネットワーク」が一九九〇年に設立された。その後NPO法人「フリースクール全国ネットワーク」が二〇〇一年に設立されている。二〇〇七年には東京シューレの私立東京シューレ葛飾中学校が開校している。

すべてではないが、特徴的にみられることとして、子ども中心主義、たとえば大人を教師と呼ばず、スタッフと呼んだり愛称で呼んだりする「学校」も多い。しかしそれもすべてではない。このように定義づけるにはあいまいな要素を多く含む「学校」であるが、本論文では、「不登校児童・生徒を対象とする施設を中心として、学習指導要領に縛られず子ども中心主義の自由な教育を行う施設」と取りあえず定義しておこう。

8―4　前史

現在問題となっている不登校対策法には前史がある。大正時代に遡れば多数の学校が大正自由教育運動の中で設立された。現在まで続く学校も、玉川学園、文化学園など決して少なくない。しかし、それらは、当然のことながら、現在の不登校「問題」を対象としたものではない。この不登校対策法に直接つながるものとしては、二〇一〇年四月に「フリースクール全国ネットワーク」の新法研究会が「(仮称) オルタナティヴ教育法案」を提出したのがその最初であろう (研究会はそれ以前、二〇〇八年頃から検討を開始していた)。その研究会で、筆者は「学校教育以外の学びの場というのであれば、法案がなぜ学校教育法を下地にして、社会教育法を無視するのか」、「オルタナティヴ・スクールと位置付けるのであれば補助金等を受け取ることは日本国憲法八九条「公金その他の公の財産は、宗教上の組織若しくは団体の使用、便益若しくは維持のため、又は公の支配に属しない慈善、教育若しくは博愛の事業に対し、これを支出し、又はその利用に供してはならない。」という条文に真っ向から反するのではないか」という二点を問いただした。前者については、教育=学校という枠組みに捉えられているのか (もしそうであれば、そこをただしていこうというのがこの法案の趣旨であるから、全くの自己撞着であるが）回答をもらえず、後者についても私立学校は助成金を受けているとの的外れの答えしか返ってこなかった。現在の私学助成は、「私立学校の事業は「公の支配」に属し、これに対する公費からの助成も憲法八九条後段に反しない」とする一九四九年二月に出された法務庁法務調査意見長官見解や、一九七五年の私立学校振興助成法によるものである。中京女子大学客員教授、社団法人フィランソロピー協会評議員、NPO政策研究所常任幹事である今田忠氏は、「NPOの資金の問題を考察する場合に、この公金支出禁止規定を避けて通ることは出来ない」とする。現状でも株式会社立学校、大学は私学助成金を受けることができない。

また後期中等学校段階、すなわち高等学校段階のことになってしまうが、サポート校等が設立した株式会社立の学校（多くの場合、単位制・広域通信制）と提携を結ぶフリースクールもある。たとえばNPO法人越谷らるご／フリースクールりんごの木と代々木高校（志摩賢島本校：三重県志摩市阿児町神明）などの例がある。代々木高校自身、サポート校である代々木高等学院（所在地：東京都渋谷区千駄ヶ谷）をもとに特区を利用して設立された株式会社立の学校である。もちろん、その一方では京田辺シュタイナー学校、きのくに子どもの村学園などは、単独で運営されている学校もある。

こうした教育特区はネオ・リベラリズムを旨とする小泉内閣によって規制緩和の一環、その実新たなルールによる再規制として設けられたものである。株式会社、NPO法人の学校参入の壁は低くなった。しかし、それは、ネオ・リベラリズム路線、ルール変更による再規制の教育版であったのだ。

8―5　臨時教育審議会について

あまり論争の焦点となっていないが、先にあげたネオ・リベラリズム路線は、「第三の教育改革」を自称する中曽根内閣直属の臨時教育審議会（一九八四〜一九八七年）、そしてその最終答申に盛り込まれた「改革のための具体策」の延長線上にある。その中に「生涯学習体制の整備」「初中等教育の充実と改革」という節がある。後者が、フリースクールの設置・運営に大きな影響を与えるのは言をまたない。大きな追い風である。では前者はどうであろうか？　その解説として「従来の学校教育に偏っていた状況を改め，人生の各段階の要請に応え，新たな観点から，家庭、学校、地域など社会の各分野の広範な教育・学習の体制や機会を総合的に整備する必要がある」とされている。ここから導き出されることは、家庭教育もそうなのだが、とくに（地域）社会教育と学校教育の壁を取り払い、再編を目指すことである。

社会教育といっても、その内実はさまざまであるが、一九七〇年代以降、急速に盛んになってきた（市場拡大をしてきた）のは、民間教育産業である。（自動車教習所なども含めた）各種就職に必要な〝学校〟やセミナー（その中には国家資格あるいは民間資格を授与するものもある）、あるいは教養・娯楽系と言われるカルチャー・センターのようなものまで幅広くある。「学社連携」（学校教育と社会教育の連携）というような言葉を尻目に、その実態ははるかに進んでいた。この事態を受けて、教育版ネオ・リベラリズムとそれによる再規制の原点ともいえる生涯学習体系への移行は打ち出されたのである。このように臨時教育審議会から小泉内閣の規制緩和は一つの流れとしてつながっている。「学校外で学ぶ」ということ自体、否定するつもりは毛頭ないし、民間教育産業を全否定するつもりもないが、言葉は悪いが、学校教育で足りない分は生涯学習（社会教育）で、という方向に進みだしてしまっていたのである。「ゆとり」の教育で教え足りない部分は生涯学習でということか？

また加えて、既に文部省（当時）は、不登校児の存在を否定していない。一九九二年の学校不適応調査協力者会議報告において積極的とは言えないまでも「登校拒否はだれにでも起こりうるものであるという視点に立ってこの問題をとらえていく必要がある」と不登校児の存在を容認し、学校復帰一辺倒ではなくなっているのが事実だ。

8―6　義務教育の段階における普通教育の多様な機会の確保に関する法律

二〇一二年には「フリースクール全国ネットワーク」から「多様な学び保障法を実現する会」が独立し、法案の目的を「子どもの学習権保障」と明確化し、会名を「多様な学びを実現する会」と変更している。

二〇一四年六月には超党派フリースクール等議員連盟が発足。教育再生会議が七月三日には第五次提言を出す。そこでは「国は、小学校及び中学校における不登校の児童生徒が学んでいるフリースクールや、国際化に対応した教育を行うインターナショナルスクールなどの学校外の教育機会の現状を踏まえ、その位置付けについて、就学義務や公費負担の在り方を含め検討」するとされている。また、「義務教育未修了者の就学機会の確保に重要な役割を果たしているいわゆる夜間中学について、その設置を促進する」という条項を提言するものでもある。八月一一日超党派フリースクール等議員連盟は「義務教育の段階における普通教育の多様な機会の確保に関する法律」が未定稿ながら発表される。

さらに二〇一五年一月二七日には。下村博文文部科学省が記者会見で以下のように述べている。

「フリースクール等に関する検討会議」及び「不登校に関する調査研究協力者会議」の開催について御報告いたします。

フリースクール等で学ぶ子供への支援策や不登校施策に関しては、昨年一〇月から、丹羽副大臣を主査とする「フリースクール・不登校に関する省内検討チーム」において議論を行ってきたところであり、このたび、検討すべき論点を取りまとめをいたしましたので、公表いたします。

フリースクール等の論点としては、フリースクール等の自主性・多様性をどう保障しながら学習面・経済面で支援するかなどが課題と考えております。また、不登校施策の論点としては、学校の組織的な支援体制の在り方や、個々の不登校児童生徒に応じた計画的な支援の推進などが課題であると考えております。

これらの論点について具体的な検討を行うため、「フリースクール等に関する検討会議」を一月三〇日に、「不登校に関する調査研究協力者会議」を二月一〇日に、それぞれ開催する予定であります。

上記の法案をめぐって「多様な学び保障法を実現する会」共同代表喜多明人氏と「不登校・ひきこ

もりを考える当事者と親の会ネットワーク」の共同代表で「千葉休もう会／佐倉登校拒否を考える会」の下村小夜子氏との間で公開質問状によるやり取りが二〇一五年八月二五日から九月二日にかけて交わされる。（下村小夜子氏の質問に対し喜多氏が応えるというかたち）。本稿は逐条批判を目的としないので、細部にわたる検討はしないが、重要と思われる点について記しておきたい。

8—7 「個別学習計画」をめぐって

この「義務教育の段階における普通教育の多様な機会の確保に関する法律」案で、まず多数の人が認める最大の問題点は第四章「個別学習計画」である。下村小夜子氏が「「個別学習計画」の内容や実施のしかたには明確な縛りが定められています。これらを通しての、家庭への行政の介入をどう考えるのでしょうか？」と質問する。

それに対し喜多氏は「個別学習計画（第四章）の（中略）一二条一項は「認定を受けうることができる。」と規定されています。この「できる」という語の定め方は、一般任意規定と呼ばれている規定の仕方で、認定を受けたければ受けることができる、という意味であり、受けたくないものは受けなくてもよい、という任意性を基本に置いた条文」で「この一二条を持って「行政介入」と理解するのは早計」と答えている。二〇一五年九月一五日の「義務教育の段階に相当する普通教育の多様な機会の確保に関する法律案」でも同じ条文が記され、二〇一五年一〇月二〇日『多様な教育機会確保法　ここまできた！報告会　次の国会に向けて【増補版】』においても喜多氏は、「任意規定である以上、計画書を申請しない自由が確保されていますから、この一二条を持って「行政介入」と理解するのは早計」と実態をかえりみない法文解釈をまた繰り返している。

一方、下村小夜子氏が代表を務める「不登校・ひきこもりを考える当事者と親の会ネットワーク」は二〇一五年九月六日に次のような見解を出す。

個別学習計画を出せば保護者は就学義務を果たしたものとみなされること（第一七条）、学校は不登校児童生徒の数を減らしたいだろうこと、「枠があるのだから、そこにはまればいいのに」というような有言無言の圧力や視線が、周囲から向けられるだろうこと、…などなどから、孤立した保護者や当事者は、「選ぶ」ほうに向かわざるをえなくなるケースが多いのではないか、と。

当事者・保護者の心理は、さまざまに屈折し、迷い、不安にかられ、複雑な働き方をするのではないでしょうか。

これに対して、東京シューレ葛飾中学校校長の奥地圭子は二〇一五年一一月五日に「多様な「教育機会確保法」はどんな法案か」と題して「私たちから持ち込んで始まった法案」「市町村の教育委員会に申請し、そこが認定する法案」で「個別学習計画」については、「ある制度、ある仕組みを申し込むにはなんでもそうですが、手続きが必要です。それが「個別学習計画」で子どもとよく相談し、「子どもの意思を十分に尊重して」最善の利益を考えて、保護者が作成するようになっています。（中略）また、「親だけでは負担」という声がありますが、学校、教育委員会、フリースクール、NPO等つながりのある人と共に相談しながら作成すればいいのです」と学校、教育委員会への相談をすすめている。常々、文部科学省・教育委員会・学校は、不登校に対し、学校復帰一辺倒と非難しているにもかかわらずである。つまり「学習指導要領」から「個別学習計画」へとルールの変更による「再規制」を歓迎しているのである。

はたして、二〇一六年二月二日の「義務教育の段階における普通教育に相当する教育の機会の確保等に関する法律」(骨子、未定稿)(丹羽秀樹新座長試案)ではこの一二条のみならず、第四章全体がざっくりと削除されている。

8―8　安倍首相・下村文科相の動向、「特区」構想

しかしその間も安倍第二次内閣はフリースクールを取り込むことに懸命である。二〇〇四年には構造改革「特区」、二〇一四年には国際戦略「特区」が定められた。安倍第一次内閣のもと二〇一〇年には教育基本法が「改正」されている。二〇一四年九月一〇日には安倍首相が「東京シューレ」を訪問し、下村文科相(当時)は一〇月二七日に川崎の「フリースペースえん」(旧「たまりば」)を視察している。馳浩前座長は文部科学相に就任し、下村前文部科学相はフリースクール議連の顧問に就任している。

「特区」構想が、そのあるべき姿としてではないが、現実には大きな問題を引き起こしているのは言をまたないであろう。特区構想とは、公平に行われたとしても、旧来の規制を緩和するように見せて、

あらたなルールによる「再規制」をかけるものに他ならない。それが、一部、行政や法人の利益のためのルールの変更につながりかねない。

8—9　現場の声から

個別の問題としてはともかく—たとえば「いけふくろうの会」の伊藤書圭氏からは、1．子供に決定権がない。2．フリースクールが制度に位置づけられることで行政の介入がはじまり、子どもが安心できる居場所がなくなる。3．中卒の資格がない子が出てくる。4．個別学習計画で管理される。5．格差を広げる。6．教育の民営化の入り口になる。塾等がフリースクール（通信教育含む）として参入してくる。7．エリート教育につながるといった疑問、問題点が二〇一五年九月六日に出されている。しかし二〇一〇年に教育基本法を「改正」した安倍内閣が「改革」を目指していることに変わりはないだろう。ここまでに伊藤氏の挙げた「疑問、問題」のうち4．を中心に1．2．3．を見てきたことになるが、残された疑問、問題点をこれから考えていくことにしたい。

・誰がスタッフ（教員）となるのか？　養成と研修について

しかし、その前に一点、記しておきたいことがある。本稿は逐条批判を目指すものではないので一つだけに絞る。（人材の確保等）である。二〇一五年九月一五日の馳浩座長試案では第九条、二〇一六年二月二日の丹羽座長試案では第一八条、三月四日試案では同じく第一八条となっている。九月一五日案では「国及び地方公共団体は、多様な教育機会の確保を専門的知識に基づき適切に行うことができるよう多様な教育機会の確保に係る職務に携わる者の人材の確保及び資質の向上を図るため、研修等必要な施策を講ずるよう努めるものとする。」となっているところが、二月二日案、三月五日案（両者はほぼ同じなので二月二日案を記し三月四日案に盛り込まれたものを丸括弧内に記す）では「国及び地方公共団体は、教育機会の確保等が専門的知識に基づき適切に行われるよう、教職員その他の教育機会の確保等に携わる者（以下この条において「教職員等」という。）―丸括弧内二月二日案にはなし―の養成及び研修の充実を通じた教職員等の資質の向上、教育機会の確保等に係る体制等の充実のための（学校の）教職員の配置、心理、福祉等に関する専門的知識を有するものであって教育相談に応じるものの確保その他の必要な措置を講ずるよう努めるものとする。」（この条、三月一一日法案は三月四日法案と同じ）。

ここで指摘したいのは条文の相違点では全くない。「教職員等」とは誰のことかということである。だれが、あるいはどこが、「心理、福祉等に関する専門的知識を有するものであって教育相談に応じるものの確保」をするのか？　条文通りに読めば、国及び地方公共団体であろう。「研修の充実」「資質の向上」「教職員の配置」「教育相談に応じるものの確保」をどこがするのかということである。まさか、学校の教員をフリースクールに配置することはあるまい。それでは学校から逃げだした子どもを、学校の教員が追いかけることになる。どこでどのようにスタッフ（フリースクールの教員にあたる者はこう呼ばれることが多い）の養成、研修を行うのか？　国及び地方公共団体が直接に行うのか？　これでは従来の学校の教員とさほど変わらないことになる。多くのフリースクールはスタッフの不足、支払える賃金の低さに頭を悩まされている。スタッフの充実はたしかに必要不可欠なことであろう。しかしOFF-JT（Off The Job Training）でスタッフ研修をしているのは私の知る限りフリースクール全国ネットワークのみでそれも年に一回、三日のプログラムがあるのみである。その費用は全日日帰りで一七〇〇〇円。宿泊費を入れると二六〇〇〇円。首都圏外だとさらに交通費がかさむ。薄給のスタッフとしては安いものではない。しかもあらゆるフリースクールがフリースクール全国ネットワークに加入しているわけでは全くない。NPO法人格を取っていないフリースクールも少なくない。（フリースクール全国ネットワークの会員はNPO法人に限定されている）。ならばOJT（On the Job Training）とOFF-JTで資質の向上といっても内実を伴うものになるか、はなはだ疑問である。臨床心理士のように民間認定機関を設立するのか？　その認定は国及び地方公共団体になるのか？　それもまた違うだろう。

8―10　南康人とのやり取り

伊藤書圭の「疑問、問題」の5．6．7．に戻ろう。これについては南康人（フリースペースima主宰、福井工業大学）と法案上程直後にインターネット上で公開書簡を交わしたので、まずそれを挙げておく。

南　康人

教育機会確保法案の国会上程に際して（メモ）

いわゆる「教育機会確保法案」がついに国会上程されるようである。

この機会に思うところを覚書にまとめてみた。

現法案については特に論評の価値はないと思う。現行の施策を羅列しただけの法律で、財政の裏づけもない。教育委員会による不登校児童生徒への管理強化の懸念だけはあるが、それは今でも不登校に理解のない市・町や学校では日常的にやられている事である。これが立法化されたからといって、何かドラスティックな変化が教育現場に起こるというような代物ではないようだ。

そうすると、こういう毒にも薬にもならない法律をいったい誰が要求しているのか？　という素朴な疑問が起こる。この法案の背後にあるダイナミズムとその推進主体は何者なのか？

当事者団体やＮＰＯではない。全国ネットワークでも意見はまとまっていないし、不登校の親の会などでは、無関心または「よく分からない」、あるいは、懸念の声が圧倒的である。議員連盟も迷走気味である。自民党内は賛否両論割れていて、最終調整ではそのせいで当初の目玉だった「個別学習計画」も法案から消えた。野党の立場も四分五裂でよく分からない。社共は「慎重に」ということで、完全に反対というわけでもないが、推進の立場でもない。誰も表舞台では強力に引っ張っていないのに、どんどん話が進んで立法化されてしまうという実に奇妙な展開になっている。

普通なら、そもそもの話はフリースクール支援なのだからフリースクール業界が後押ししているのだろう、となるわけだが、今のフリースクールの市場規模と参入者に国政レベルに影響を及ぼすだけの政治力は無い。圧力団体も存在しない中での性急な立法化に向けた動きである。そういう不可解な動きに興味を抱いていろいろ考えてみたが、結局、この法案を背後から突き動かしている推進力は第二次安倍政権そのものと「おおさか維新の会」ではないか。

第二次安倍政権は「国家戦略特別区域法」（平成二五年一二月一三日法律第一〇七号）で、従来の文科省の「当然の法理」に基づく規制的な見解を覆して、公立学校の民間委託への道を開いた。これに飛びついて手を上げたのが大阪市・大阪府、要するに橋下徹率いる「おおさか維新の会」である。

これまでの公設民営学校は私立学校に限られていた。自治体が施設を提供し、民間との協力で学校法人を設立する方式である。特区を利用するものと利用しない制度があるが、実績があるのは前者の方式だけである。「ぐんま国際アカデミー」（平成一七年）、「東京シューレ葛飾中学校」（平成一九年）、「幕張インターナショナルスクール」（平成二一年）等がこの方式で近年設立された私立学校である。

この方式を「国家戦略特区」を使って公立学校へも拡大する、というのが第二次安倍政権の目論見であって、これは日本経済再生に向けた「第三の矢」－日本再興戦略（平成二五年六月一四日閣議決定）－としても位置づけられている。

わかりやすい例としては、インターナショナルスクールの公設民営化などが外資誘致施策として位置づけられているようだ。グローバル人材を特区に集めるためには、海外から移住する社員の子弟の教育費を公費から支出し、社員の福利厚生における多国籍企業の負担を軽減するという話である。また、国際バカロレア認定教育を行う公設民営学校をつくって、逆に日本から海外へ飛び出す「優秀」なグローバル人材を育てるといった「エリート養成」の様な事が構想されているらしい。

ただ、文科省は抵抗の姿勢を崩しておらず、国家戦略特区ワーキンググループにおける関係各省からの集中ヒアリングにおいては、「公立学校教育は、設置者である地方公共団体の『公の意思』に基づき実施されるものであること、入退学の許可や卒業認定等の公権力の行使と日常の指導が一体として実施されるものであること、等を踏まえれば、これを包括的に委託すること（包括的に委託しつつ、なおこれを公立学校教育と位置づけること）は困難」であるとして、公設民営の公立学校については原則反対の主張を行っている。

というわけで、安倍首相が任命する文科相と「当然の法理」を盾に抵抗する文部官僚との間では、現在、激しい水面下での攻防が繰り広げられていると推測される。当然、日教組もこの対立では「宿敵」文部官僚と呉越同舟の共闘関係にあるわけであり、近年、安倍首相が国会で「ニッキョーソ！」野次など飛ばして苛立っていたのも、ここら辺の事情に起因しているのかもしれない。

これはまだ特区を利用した制度の話にとどまっているが、現在、ナショナルレベルでの公立学校の民営化に踏み切って、公教育民営化の先陣を切ったのがスウェーデンとイギリスである。第二次安倍政権としては、当然、この二国の状況をにらみながら、今後の教育改革の舵を切っていくつもりであると思われる。

この二〇年間で、スウェーデンではすでに義務教育課程の一八%、高等教育課程の五〇%が「フリースクール」となっているそうである。イギリスはその後を追っているが、既存の公立学校を民営化した「アカデミー」と、新たに民間主体で設立される「フリースクール」の数が急増している。イングランドでは二〇一二年段階で一七〇〇校以上の「アカデミー」が開校、二〇一三年から一〇〇校以上の「フリースクール」が開校を許可されている。こうした方式の原型となっているのは、米国の「チャータースクール」である。

つまり世界的なトレンドでは、すでに「フリースクール」とは、自由教育運動に起源を有する「子ども中心主義の教育を行う学校」の意ではなく、ネオ・リベラル的教育改革の目玉として位置づけられた公設民営学校のことなのである。当然、この施策を突破口として民間資本への教育市場の全面開放が目指されるわけだが、これについては意外にも、営利企業の参入を認めているスウェーデンが先陣を切り、イギリスは逆にまだ慎重に規制している段階である。日本では平成一五年(引用者注:二〇〇三年)より、構造改革特区において、「特別なニーズ」が認められた場合、という限定条件つきで株式会社による学校設置は認められている。

第二次安倍政権としては、こうしたネオ・リベラル的公設民営学校＝「フリースクール」を全国区で制度化していくにあたっては、文部官僚と日教組という二つの強力な「抵抗勢力」をどう切り崩すのか、というのが最大の課題となってくる。おそらく小泉政権下での郵政民営化時に匹敵するような大掛かりな「サウンドバイト」(メディアを総動員した単純なスローガン煽動による世論操作)が準備されていると思われ、そこら辺では橋下率いる「おおさか維新の会」が突撃隊の役割を果たすことになるのであろう。

他方でこうした施策を推進するにあたって、公設民営学校＝「フリースクール」の優位性というものをイデオロギー的に誇示する必要がある。「教育市場を営利企業に開放せよ」などというむき出しの資本の論理では、公共性の観点から社会の広い支持が得られない。そこで出てくる二つの主要なイデオロギー的粉飾が「競争原理導入による生産性向上」と「教育による社会階層移動」(＝

子どもの貧困対策）である。イギリスでも「アカデミー」設置は、最初は労働党政権が進めた政策であり、その対象はいわゆる「教育困難校」だったわけである。

ところが現実には、教育市場の資本への開放はむしろ教育格差を拡大しているようだ。スウェーデンでは学校間の平均的な成績の差異（分散値）は、一九九八年の九％から二〇一一年の一八％へと倍増している。また、「フリースクール」が行動面での問題を抱える移民や発達障がいの子どもの受け入れを忌避している（支出される予算は同じで人件費はかかるという経営上の利害から）という問題もメディアに取り上げられているらしい。「フリースクール」がインクルージョン（包摂）ではなく、エクスクルージョン（排斥）を率先して実践するという皮肉な逆説である。先進モデル国での「理念と現実の乖離」は無視しえないレベルに達しているようだ。

そうしたヨーロッパでの現実を横目に、平成二五年一一月五日の定例記者会見で、下村前文科相は特区での公設民営学校について次のように述べていた。「先日、自民党の文部科学部会勉強会で私が説明しましたが、（…中略…）党内においてはかなりの反対がありました。その中で最終的に了解されたのは、既存の公立義務教育機関であっても、学校の中で十分に対応できない子供たちがいるのではないかと。例えば不登校児とか、それから発達障害児とか、そういう、つまり既存の教育の中でこぼれてしまった、あるいは、それではもの足らない、例えばもっとスポーツに特化した、あるいは芸術に特化した、そういうことを学びたい、教えたいということの中で、公立学校でできない部分について、この国家戦略特区の公設民営学校で既存の公立学校にできない教育対応を、そういう子供たちに対してするというのを公設民営学校のイメージとして考えているということで、党内了承が最終的には得られたものです。」

そういう点では、馳文科相は先見の明がある政治家であり、日本では夜間中学と不登校対策が政治的突破口となるだろう、と先陣を切って走り出した結果が、この議員立法ではないかと思われる。もともと公費による設置は今の文科省が認めるはずがないのだから、最初から金を引き出すことは計算されていない。制度に「風穴」を開け（ようとし）た与党内での実績をつくり、自らが矢面に立つ文部官僚との全面対決への政治的足がかりを掴んでおくという話なのではないか。

こうなってくると、日本でも、いずれスウェーデンやイギリスのような公教育の全面的民営化に踏み出すドラスティックな教育改革が日程に上ってくるのは明らかで、この問題の射程は不登校対策などという個別政策の枠組みを既にはるかに超えている。その時、反対勢力がどういう「公」教育を目指すのかという対抗ヴィジョンを強力に示せなければ、今の一部のＮＰＯのように、世論はネオ・リベラル的教育改革の怒号にあっという間に飲み込まれてしまうだろう。今の国会に上程される教育機会確保法案は、その来るべき嵐の前兆なのである。

竹村　洋介

大変ためになりました。ただ文部科学省官僚がどういう立ち位置にあるかについては、いままで私が考えていたのと反対のものでしたので、もう一度よく整理して考え直してみようと思います。私としては、（義務）教育を、学校教育から生涯教育（学習）に肩代わりさせる法案だと読んでいましたので（それによって文部科学省は傘下の領域が増える）。自身が、生涯学習論を教えている身なので、過敏になっていたのかもしれません。それと私は疎いのですが、インクルージョン教育の視点からはどう見えてくるのか、より詳しく教えていただけると幸いです。現状の教育機会確保法では、より裕福な家庭が、一般の〝公立〟学校より、〝上等〟な教育を買うことを許す、すなわち教育のネオ・リベラルな改〝正〟－教育の市場での売買というルール変更－へとつながるように私には思えるのですが。

南　康人

インクルーシブ教育との関係では、どういう事態になっていくのか注視が必要だと思っています。これは数年前にスウェーデン国営放送が放送した番組で、フリースクールによる「問題行動児」の排除問題を取り上げてるらしいのです。http://www.svt.se/ug/friskolor-valjer-bort-besvarliga-elever

竹村　洋介

長文お許しください。

教育機会確保法案の国会上程に際して（メモ）を拝読させていただきました。このメモを発表されたことを本当にうれしく思います。教育学を教える身でありながら、諸外国のこと等まったく疎く、恥じ入る思いでした。このメモを拝読して、私が考え違いをしていたことや、見解の狭さを思い知らされた思いです。しかし、それでもなお幾つかの疑問点が残りました。解説を頂ければ幸いです。また私の誤読・誤解があればご指摘いただければ、幸いです。

まず教えていただきたいのですが、スウェーデンの「フリークール」、イギリスの「アカデミー」「フリースクール」はどういうものなのでしょうか？　イギリスは（他のヨーロッパ社会もそうではありますが）階級格差がひどく、一九七〇年代まで高等教育進学はごく限られた人にのみ開かれていたのが〝学制改革〟によりポリテクニックが再編され大学になることで、大学進学率が急上昇したと聞いています。それがサッチャーズ・チルドレンということになるのでしょう。南さんが書かれる「アカデミー」はこれと何か関係があるのでしょうか？　これは生涯学習化の一貫で、高等教育のアウトリーチを伸ばしたものだとみています（もちろん私はサッチャリズムそのものに反対です）。

次に文部科学省は「公設民営の公立学校については原則反対の主張を行っている」とされておられますが、文部科学省は「民営」「公立」についてそれほど拘泥しているでしょうか？　生涯学習化した社会においてはそれらの区分は実際上なくなり、ネオ・リベラリズムの市場経済原則にさらされながらも文部科学省の管轄下に入る、すなわち「再規制」ということにはならないでしょうか？

アメリカ合衆国の「チャータースクール」に関してはその通りだと思います。ただ「世界的なトレンドでは、すでに「フリースクール」とは、自由教育運動に起源を有する「子ども中心主義の教育を行う学校」の意ではなく、ネオ・リベラル的教育改革の目玉として位置づけられた「公設民営学校」とありますが、ネオ・リベラリズムあるいはルール変更による「再規制」に裏打ちされた生涯学習社会にあっては、必ずしも「公設民営」に限らず、純然たる営利企業であっても同じではないでしょうか？　ですので、「民間資本への教育市場の全面開放が目指される」という点においては全くの同意です。そしてかのネオ・リベラリスト小泉純一郎が言ったように「退場すべきは退場」ですから、「教育市場の資本への開放はむしろ教育格差を拡大」するのはむべなるかなです。朝鮮学校に高等学校の実質無償化を適用しないという動きにも見てとれます。すでにこういった「特区」制度によらずとも、大学は経営的なこともあり、通信制の社会人入学などを通して、教育格差をいやおうなしに進めてきました。「公設」にした方が初期設備投資が不要なだけ、民間の（教育）資本はより参入しやすいでしょうが、それを除けば純然たる民間「教育」資本も教育市場に参入してくるのではないでしょうか？　私見ではこれらはすでに一九八四－一九八七年に設置された臨時教育審議会が打ち出した（当時としてははっきりと答申には書き込まれませんでしたが）自由化＝ネオ・リベラリズムの延長線上、そしてさらにルール変更による「再規制」にあると思えるのです。

そして最後にしてもっとも見解が分かれる点として、文部科学省は第二次安倍政権に反対しているかという点です。たしかに臨時教育審議会では文部省&日教組連合vs中曽根ネオ・リベラリズムという構図はありました。そしてその結果が生涯学習化だと考えています。

しかし、今回はこの構造は当てはまらないのではないかと考えています。安倍首相、下村前文科相が、それぞれ「東京シューレ」、「フリースペースえん」を視察したのは、内閣としては当然のこととしても、文部科学省官僚がそれを押し止めようとしたでしょうか？　私にはそうは思えません。フリースクールにいくばくかの財政的援助を与えるのと引き換えに、「生涯学習」機関化し管轄下におくという「再規制」が本当の狙いなのではないでしょうか？　（ここでは一条校かどうかは問いません。その垣根を取り払うことこそ、生涯学習化ですから）。こう考えてくると、その「再規制」が受け入れられるものならば、文部科学省は、この法案の上程を推進しこそすれ、反対に回るとは思えません。またたとえ、現状で反対に回ったとしても、この法案が可決され施行されるとなると、文部科学省は自らのアウトリーチを広めるためにこの法を利用する方向に走るのではないでしょうか？　杞憂であればよいのですが。

メモを拝見させていただき、慌てて書いたものですので、事実誤認や取り違えがあるかもしれません。そうであればお許しください。ではありますが、私が抱いたいくつかの疑問点にこたえていただければ幸いです。

南　康人

コメントどうもありがとうございます。どうも日本の事ばかり見ていても、この問題はわからない、と思って、にわか勉強で荒っぽいですがメモにしてみました。いろいろとご批判いただけると幸いです。本当は、イギリス、スウェーデン両方の事情に通じてる比較教育社会学の方から、ちゃんとしたご教示いただけると良いのですが。どなたかご同業の方におられませんか？

イギリスの事情については、僕がざっと目を通したのは「連立政権のフリースクール政策に対する労働党の態度」（望田研吾、二〇一二年）http://www.juef.sakura.ne.jp/bulletin/vol.16/juef_2012_16_03_mochida.pdf「イギリスにおけるキャメロン連立政権下の教育改革の動向」（久保木匡介、長野大学紀要 第三四巻第三号 二五一―四〇頁（一九九一―二一四頁）二〇一三年）https://nagano.repo.nii.ac.jp/?action=pages_view_main&active_action=repository_view_main_item_detail&item_id=1064&item_no=1&page_id=13&block_id=17で、恥ずかしながら、ここに書かれている以上の事はよくわかりません。

公設民営学校（フリースクール）は全面的な民営化への通過点ではないか、というのはその通りだと思います。ただ、国によって労働組合や教員組織、学校組織の歴史的な特異性がありますので、そこら辺では多様なエージェントの複雑なからみあいで、多様な民営化形態や教育福祉ミックス？　みたいなものが産まれてくる可能性もあるんじゃないかと。そういう具体的な特異性のなかでは、そのまま生き残っていくフリースクールも出てくるのではないかと思いますが、どうでしょうか。

スウェーデンが教育市場民営化の最先端を走っている一方で、イギリスでは教員労働運動が未だ頑強な抵抗を続けているといった辺の事情、スウェーデンの産別組合なんかはどういう方針でいるのか詳しく知りたいところです。

文部官僚の「抵抗」については、仰るとおり、先行きどうなるのか僕もよくわかりません。今回の法案は公立学校民営化の根幹部分には手をつけていませんので、官僚としては警戒しながら静観という構えじゃないかと思います。特区についてはもう法律が通っているので、官僚としては「粛々」と進めていくしか道はないんじゃないでしょうか。官僚の「抵抗」は、既得権益を守りながらズルズル後退していく籠城戦のようなもので、最後は資本に無血開城といったイメージなのですが。本来の抵抗勢力は日教組だとは思うのですが、こちらは既に戦意喪失、瓦解状態のような感じで、イギリスでのような抵抗戦は期待できそうにないなと思っております。適当な感想ですみません。（註：このやり取りが行われた時点では、いわゆる加計学園獣医学部問題は、発覚していなかった）。

これで伊藤氏の「疑問、問題点」にほぼ答えたことになるであろう。南、竹村で評価が異なるのは、文部科学相官僚の立ち位置ということになるだろう。ネオ・リベラリズムに乗じてフリースクールをも取り込もうとするのか、学校を堅持する守旧的態度を取るのか？　角度は異なるが高等学校の実質無料化という「再編成」の中で朝鮮学校がどう「再規制」されるのかということにも関連する。後に南氏と話し合ったところでは、文科省内外で統一した見解はなく、生涯学習政策局と初中等局と各地の教育委員会などによって異なる可能性もあるということだった（原則としてNPO法人は都道府県、フリースクールは初中等局がそれぞれ担当）。しかしいずれにせよ、旧来の学校を規制するルールのままでは、立ち行かなくなっており、そのルールを新たなものに変更し最終的には教育全体を「再規制」・「再編」する志向性を持つというところでは一致をみている。

「5．格差を広げる」について、P．ブルデューの言をまたずとも親たちと作る「個別学習計画」の「良し悪し」は当該児童や親の「学力」に大きく影響する。また現状でも一二万余人を数える不登校児のうち、フリースクールに通えているのは五〇〇〇人にも満たない。ほぼ三・五％である。地理的問題、経済的問題、あるいは心理的問題その他でフリースクールに通えない子どもがほとんどなのだ。「6．教育の民営化の入り口になる。塾等がフリースクール（通信教育含む）として参入してくる。」すでに後期中等教育では全く珍しいことではない。学校法人に転換したものも含めれば二四校（二二法人）が「特区」制度を利用し、通信制の学校を運営している。「7．エリート教育につながる」はすぐにそうなるとは言わないが、イギリスのパブリック・スクール（パブリックといいながら私立で、富裕層が通う学校である）のように、上流階級のみに門戸を開くエリート校ができる可能性は否定できない。「登校拒否はだれにでも起こりうる」のだから上流階級の子弟も不登校になりうる。その中から限られた英才を育て、その他多勢は切り捨てられる。

東京シューレ葛飾中学校はその開校五周年記念誌「開校五年にあたって」の文中で学校法人東京シューレ学園理事長・東京シューレ葛飾中学校校長奥地圭子は「二〇〇二年構造改革特区制度が発表され、校他《ママ》校舎は自分でもたなくていい、とか、学習指導要領はその通りじゃなくていい、とか特区で認められれば、それまでの規制を緩めてＯＫという条件が示され（中略）、区が「のびのび型未来人材育成特区」を国に申請して下さり、内閣府から認められた」と「特区」によるルールの変更とそれを歓迎することを示している。http://shuregakuen.ed.jp/greeting

ここまでで、ほぼネオ・リベラリズム、ルール変更による「再規制」を軸にした考察は充分であろう。

8―11　錯綜する現場

しかし現場においてはまた違う側面を見せることがある。本稿で扱った主張・論争は積極的推進派（奥地・喜多）vs慎重派（伊藤・下村小夜子・内田良子（子ども相談室「モモの部屋」、「不登校・ひきこもりを考える当事者と親の会ネットワーク」共同代表）という構図がおのずと浮かび上がってくるが、それはそれで重要であっても、そう簡単なものではない。「フリースクール全国ネットワーク」と「不登校・ひきこもりを考える当事者と親の会ネットワーク」が真っ二つというのでは全くない。「不登校・ひきこもりを考える当事者と親の会ネットワーク」代表の下村小夜子は「フリースクール全国ネットワーク」の理事を務めている。これだけでも事態は錯綜している。さらに真っ向から反対の論陣を張らないまでも慎重派を支持するブログを書く、たとえば山下耕平・フォロ事務局長などのように、大きな声はあげないが慎重派の人々も少なくない。そして最も多いのが、態度を決めかねている人々であろう。繰り返しになるが、不登校一二万人のうち、フリースクールに通えているのは三・五％、四〇〇〇～五〇〇〇人。つまりは先にあげた南の文章にもあるように「教育委員会による不登校児童生徒への管理強化の懸念」を抱きながらも、態度を決めかねている人たちだ。しかし、その人たちとて、「個別学習計画」を事実上、無理強いされたり、教育に市場原理をあからさまに持ち込まれた時（それは、従来の小規模で経済的基盤の弱いNPO法人立のフリースクールがさらに窮地に追い込まれ、大手の予備校・塾・サポート校あるいは株式会社が市場を寡占する時であろう）、いつまでもサイレント・マジョリティでいるだろうか？（その意味では潜在的慎重派と呼んでもよいだろう）。また貧困層、外国籍、民族学校、インターナショナルスクール等のことももっと突っ込んで考える必要があるだろう。またもっとも重要といってもよい教育内容についても踏み込めなかった。ルールの変更により、「皇国史観」に基づく学校の設立を詳してもよいのだろうか。すでにみたところだが「スパルタ式」を売りにして、不登校をなおすという施設もある。しかもそれに賛意を示す人も少なからずいるのが現実なのだ。規制緩和が何をうみだすか、考えておく必要がある。

以上、いくつかの側面から「不登校対策法」を考えてみた。逐条批判はしていないし、まだインクルーシブ教育からの観点もほとんどなしえなかった。しかし、それでも「不登校対策法」は小手先では修正できないあまりにも多くの問題点があることが判明した。やはり根本に戻って考え直さなければならない。イヴァン・イリッチの言う“de-schooling society”とは、このような貧しい社会ではないはずだ。

■主要参考文献等

イヴァン・イリッチ、『脱学校の社会』、東京創元社、一九七七年

下村博文、『「塾」そのありのままの姿―コミュニティ塾創造をめざして』。学陽書房、一九八四年

ナイジェル・ドッド『貨幣の社会学』、一九九八年

P．ブルデュー、『再生産』、藤原書店、一九九一年

同、『遺産相続者たち』、藤原書店、一九九七年

3・26【教育特区シンポジウム】　多様な学校づくりをめざして　新しい教育制度を求めるＮＰＯ等団体からの意見と要望 http://www17.plala.or.jp/mana-rainbow/yumehana_hp/yumehana_action_record/2004_0326_edu_special_sympo.htm#1

義務教育の段階における普通教育に相当する教育機会の確保等に関する法律案」（座長試案）への意見書、二〇一六年三月一一日 http://www.freeschoolnetwork.jp/file/kakuhohou_20160311.pdf

義務教育の段階に相当する普通教育の多様な機会の確保に関する法」案（未定稿）八月一五日案　不登校新聞 http://www.futoko-net.org/aboutus/yakuin.html

教育再生実行会議第七次提言、二〇一五年五月一四日 http://www.kantei.go.jp/jp/singi/kyouikusaisei/pdf/dai5_1.pdf

「個別学習計画」が運用されたら…http://ftk.blog.jp/archives/42145739.html

多様な学び保障法を実現する会『多様な教育機会確保法　ここまできた！報告会　次の国会に向けて【増補版】』http://

freeschoolnetwork.jp/file/1020_shiryou_enlarged.pdf

フリースクール全国ネットワーク http://freeschoolnetwork.jp/p-proposal/1916

臨時教育審議会『教育改革に関する第四次答申（最終答申）』、一九八七年八月七日 http://www.mext.go.jp/b_menu/shingi/chukyo/chukyo3/siryo/06091908/005/007.htm

増補新版へのあとがき

旧版が六章だてであったのに、本版では八章だてとなった。それだけでも大幅な増補改訂である。しかも後半に三章を足しただけでなく、前半の五章においても、時代が古くなったもの、わかりにくかっただろうことを大幅に訂正した。また時代の変化によって大きく変わったところは、できる限り増補したところで補いもした。「ネオ・リベラリズム」という概念の用い方もその一つである。それでも、書ききれないことはいくつか残った。例えば第二章で扱っている言語の統一の問題がそれである。旧版の時から「書き言葉」と「話し言葉」の違いは指摘してあり、「書き言葉」こそが民族統一のひとつの、しかし大きな源流であることは記した。そしてラジオの普及をまって話し言葉の統一となったと。

しかし、つぶさに、見ていくと「書き言葉」「話し言葉」という分類はあまりにも大雑把すぎた。書き言葉には目で「読む」、手で「書く」という二つの亜型がある。書けなくとも読めるということはある。この「目」と「手」は、近年のパソコンの普及により大きな変化を見せている。しかし明らかに書き足りなかったことは、話し言葉の「耳」と「口」である。第二章にも記したようにラジオは

「耳の統一」をもたらした。それに間違いはない。しかし実際に喋る「口」はどうだったか。NHKは放送にあたってどのような話し言葉を使うか、大分のマニュアルで規定している。そのためたしかに、アナウンサーの話し方は統一されただろう。アナウンサーの「口の統一」はなされた。そして聴取者の「耳の統一」もなされた。だが、一般の人が話す言葉はアナウンサーのそれとは異なる。それは、年代、地方、職業、労働、階級などに規定されてさまざまな「方言」をいまだに色濃く残している。「口の統一」はいまだなされていないのだ。

その他にも注記したいことは少なくありませんが、あとがきにかくべきことではないかもしれないので、ここでとどめることにします。

本書を通貫して底流を流れている問題意識は日本の「モダニティ」=近代化とは何だったのかということです。高度成長期、戦前、さらには、大正、明治期と遡ってみると、現在の眼からは「珍奇」としか言えないさまざまな事象が現れては消えています。

後半の増補分の三章は、このモダニズムの現在的局面、ネオ・リベラリズムという、見せかけの規制緩和とルール変更による「再規制」の問題を教育という領域に当てはめて考察してみました。この「ネオ・リベラリズム=「再規制」」という概念は、六章の冒頭にも記した通り、経済・社会学で用いられているそれを教育の分野にあてはめたものです。

他にもっと時宜的なものを入れても良かったのかもしれません。加計学園問題、森友問題、ビットコインの分裂、あるいは東京オリンピックに向けての都の「みんなでラジオ体操プロジェクト」など本書にかかわってくる問題は多々あります（断片的には少し触れたものもありますが）。しかしそれは読者の皆さんが、本書をどう読むかにまかせたいと思います。

本来なら教育のことだけではなく。もっと幅広く「モダニティ」についても論じたかったたし、教育についてもネオ・リベラリズム以外の切り口を考えてもみたかった。しかし、三〇年近く取り組んで来た不登校について、ひと区切りつけられたことで、本書は良しとしておきたい。それ以上のことはまた新たな本でということにしておきましょう。

ここまで読んでいただけた読者の皆さんに「ありがとう」の言葉を捧げたいと思います。

二〇一七年八月大阪にて記す

■初出一覧

第一章　「どうして子どもは学校へ行くのか」、精神医療20号、批評社、二〇〇〇年（原題「社会学から見た学校と子どもの変容」）

第二章　「ラジオ体操と日本社会の近代化過程」『ソシオロジスト』二号（原題「身体・リズム・メディア」）二〇〇〇年。ただし原型は、中野富士見町・PlanBにおけるパフォーマンス・口演（一九九七年）

第三章　「フリーターと「社会的引きこもり」」、書き下ろし

第四章　「エコロジズム運動と政党」『汎』、一九八八年（原題「西独エコロジー運動の行方」）

第五章　「エコロジズム政党の現在における可能性と困難」書き下ろし

第六章　「教育と〈病理〉の語られ方―青少年をめぐる言説から（『文学・芸術・文化』、近畿大学文芸学部論集第二六巻一号、二〇一四年

第七章　「障害児とフリースクール―「個」の病としてではなく（原題「発達障害の社会学・社会福祉論」、『精神医療』49、批評社、二〇〇八年）

第八章　「不登校対策法の陥穽」（『文学・芸術・文化』、近畿大学文芸学部論集第二八巻一号、二〇一六年

近代化のねじれと日本社会

二〇〇四年九月二五日　初版第一刷発行
二〇一九年四月一〇日　増補新版第二刷発行

著者　竹村洋介

発行所　批評社
東京都文京区本郷一―二八―三六
鳳明ビル二階
電話　〇三―三八一三―六三四四
Fax　〇三―三八一三―八九九〇
振替　00180-2-84363
e-mail　book@hihyosya.co.jp
http://hihyosya.co.jp

装幀者　臼井新太郎
制作　高島徹也
印刷所
製本所
モリモト印刷株式会社
Printed in Japan

竹村洋介（たけむら・ようすけ）

1958年生まれ。東京大学文学部社会学科卒業。

同大学院教育学研究科博士課程修了。

近畿大学非常勤講師。

著書に『ひきこもり』『学校の崩壊』（共に共著、批評社）『女性学教育ネットワーク'95』（共著、女性学教育ネットワーク編集・発行）『福祉と人間の考え方』（共著、ナカニシヤ出版）『水俣五〇年』（共著、作品社）他。


ISBN978-4-8265-670-0　C3036